中华人民共和国交通运输部

公路工程施工监理招标文件范本

交质监发〔2008〕557号

自2008年12月25日起施行

人民交通出版社

图书在版编目(CIP)数据

公路工程施工监理招标文件范本/交通运输部基本建设质量监督总站主编. —北京:人民交通出版社,2009.1
ISBN 978-7-114-07570-4

Ⅰ.中… Ⅱ.交… Ⅲ.①道路工程-工程施工-监督管理-招标-文件-范文-中国②道路工程-工程施工-监督管理-招标-文件-范文-中国 Ⅳ.U415.1

中国版本图书馆 CIP 数据核实(2009)第 008073 号

Gonglu Gongcheng Shigong Jianli Zhaobiao Wenjian Fanben

书　　名: 公路工程施工监理招标文件范本
著 作 者: 交通运输部基本建设质量监督总站
责任编辑: 沈鸿雁
出版发行: 人民交通出版社
地　　址: (100011)北京市朝阳区安定门外外馆斜街 3 号
网　　址: www.ccpress.com.cn
销售电话: (010)59757969,59757973
总 经 销: 北京中交盛世书刊有限公司
经　　销: 各地新华书店
印　　刷: 北京市密东印刷有限公司
开　　本: 880×1230　1/16
印　　张: 12.5
字　　数: 390 千
版　　次: 2009 年 1 月　第 1 版
印　　次: 2009 年 7 月　第 2 次印刷
书　　号: ISBN 978-7-114-07570-4
定　　价: 45.00 元

关于发布《公路工程施工监理招标文件范本》的通知

交质监发〔2008〕557号

各省、自治区、直辖市、新疆生产建设兵团交通厅(局、委),天津市市政公路管理局:

为规范施工监理招标文件编制等工作,部组织编制了《公路工程施工监理招标文件范本》,现予发布,自即日起施行。

二级及二级以上公路、独立大桥及特大桥、独立长隧道及特长隧道的新建、改建以及养护大修工程项目,其主体工程的施工监理招标文件,应当使用《公路工程施工监理招标文件范本》。附属设施工程及其他等级的公路工程项目的施工监理招标文件,可参照《公路工程施工监理招标文件范本》进行编制。

各地交通运输主管部门应注意收集范本使用情况的意见和建议,及时反馈部质监总站。

《公路工程施工监理招标文件范本》由人民交通出版社发行。

中华人民共和国交通运输部

二〇〇八年十二月二十五日

主题词: 公路 监理 招标 范本 通知

抄 送: 上海市交通运输和港口管理局,北京市路政局,各省、自治区、直辖市、新疆生产建设兵团交通(公路、道路)工程质量监督站(局),部有关司局,中国交通建设监理协会,人民交通出版社。

交通运输部办公厅 2008年12月29日印发

《公路工程施工监理招标文件范本》
编审委员会

主 任 委 员：李彦武

副主任委员：李　华　成　平

委　　　员：胡　滨　王松波　彭思义　乔怀玉　程道虎

李明华　王　刚　马文翰　石国虎　杭伯安

陈尚和　张翠兰　张　捷　巩德胜　吕翠玲

编 写 人 员：王　英　周冬梅　李洪斌　翁优灵

前　　言

为加强公路工程施工监理招投标管理工作，规范监理招投标市场行为，发挥监理在工程建设中的重要作用，我站组织北京逸群工程咨询有限公司和有关专家编写了《公路工程施工监理招标文件范本》(以下简称《范本》)。

《范本》依据《中华人民共和国招标投标法》、《公路工程施工监理招标投标管理办法》等法规、规章，紧密结合国内公路工程施工监理招投标特点，并借鉴了FIDIC合同条件和各地好的经验和做法，在编写过程中，广泛征求了交通主管部门和建设、监督、监理等单位的意见，经过多次修改，经编审委员会审定通过。

《范本》共分四卷。第一卷包括招标公告、投标邀请书、投标人须知、合同通用条款、合同专用条款。第二卷包括监理规范、工程专用规范、技术规范。第三卷包括投标文件、中标通知书、监理合同协议书、保函等格式。第四卷是图纸和资料。另外，附录中摘录了与公路工程施工监理招投标有关的法规文件。

《范本》是招标人编制监理招标文件的示范文本，也是投标人编制投标文件的重要参考资料。各地在使用过程中，如发现问题或有何建议，请及时告知我们，以便修订时参考。

交通运输部基本建设质量监督总站

二〇〇九年一月

使 用 说 明

一、《公路工程施工监理招标文件范本》适用于二级及二级以上公路、独立大桥及特大桥、独立长隧道及特长隧道的新建、改建以及养护大修工程项目主体工程的施工监理招标。附属设施工程及其他等级公路工程项目的施工监理招标文件，可以参照本范本进行编制，并可适当简化。

二、《公路工程施工监理招标文件范本》用相同条款号标示的内容，供招标人和投标人选择使用；以空格标示的部分，由招标人根据招标项目特点和实际需要填写，确实没有必要填写的，在空格中用“/”标示。

三、招标人按照招标项目采用的招标方式选用《公路工程施工监理招标文件范本》第一篇提供的招标公告或投标邀请书。

四、为促进监理行业健康发展，促使监理企业提高服务质量，《公路工程施工监理招标文件范本》推荐使用固定标价评分法，鼓励实行监理总承包模式招标；主张将竞争重点放在拟投入的人力资源和技术服务质量方面，弱化监理服务价格的竞争，倡导监理服务优质优价。技术、商务评审的内容、标准、分值和权重宜参照本范本执行。

五、《公路工程施工监理招标文件范本》合同条款分为通用条款、专用条款两部分，招标人在编制招标文件时，对通用条款文字不应进行任何改动，如果有不同要求应按照合同专用条款的编写原则在专用条款中进行修改、删除或补充。

六、《公路工程施工监理招标文件范本》第八篇“投标文件格式”分别给出对应于固定标价评分法、综合评标法、技术评分合理标价法三种评标方法的投标文件格式，招标人应根据项目所采用的评标方法进行选择。

七、招标人应按照《公路工程施工监理规范》的规定，结合招标项目的特点确定监理机构的设置。凡是应该招标的监理项目，无论是总监办还是驻地办，均应由中标的监理企业组建。

八、《公路工程施工监理招标文件范本》规定了监理服务费应按照《建设工程监理与相关服务收费管理规定》(发改价格[2007]670号)计算。若设置二级监理机构，且总监办和驻地办分别招标时，其中总监办的监理服务费建议参照《建设工程监理与相关服务收费管理规定》(发改价格[2007]670号)中“建设工程监理与相关服务人员人工日费用标准”以人年费方式计算费用。鉴于总监办工作为非短期工作，故建议按低限取费并可适当进行调整；考虑总监办与驻地办监理服务工作的交叉，应从驻地办监理服务费中扣减此部分费用。总监办、驻地办监理服务费用合计不应超过按照《建设工程监理与相关服务收费管理规定》(发改价格[2007]670号)计算的监理服务费用。

九、招标人应严格按照《公路工程施工监理规范》的规定，对投标人选派的总监理工程师和驻地监理工程师的职称、专业、资质、资历、工作经验等提出明确要求。

十、招标人可对试验检测工作单独招标。不建议招标人强制要求投标人同时具备监理资质和试验检测资质。

目　　录

第　一　卷

第　二　卷

第　三　卷

第　四　卷

附　　录

第　一　卷

第一篇　招标公告(适用于未进行资格预审)

________项目________工程施工监理招标公告

________省(市、自治区)________至________公路项目初步设计已由(批准机关全称)以(文件号)批准,项目建设单位为________。项目已具备招标条件,现对该项目________工程[1]的施工监理进行公开招标,招标人为________。诚邀具备相应资格条件的监理单位参与本项目的投标。本项目采用资格后审方式。

1. 项目概况及招标范围

本次招标的________至________公路项目____________工程,全长________公里,技术标准为____________,工程概算投资额________元。

本工程计划施工工期:______年____月____日至______年____月____日,共____月,监理服务期____月[2]。

本工程设置____级监理机构。设置总监理工程师办公室____个,第一总监理工程师办公室下设驻地监理工程师办公室____个,第二总监理工程师办公室下设驻地监理工程师办公室____个,……

第一监理合同段为________监理工程师办公室,负责第____~____施工合同段的施工监理,桩号为K____+____~K____+____,长____公里,主要工程内容为____________________。

第二监理合同段为________监理工程师办公室,负责第____~____施工合同段的施工监理,桩号为K____+____~K____+____,长____公里,主要工程内容为____________________。

……

2. 投标人资格要求

凡具有交通运输主管部门颁发的公路工程专业____级及以上或____________工程专项监理资质证书[3],持有工商行政管理部门核发的企业法人营业执照,具有____________工程施工监理经验的监理单位均可提出参加投标。

---

[1]应在此明确施工监理招标范围,如路基工程、路面工程、桥梁工程、隧道工程、交通工程及沿线设施工程等。

[2]监理服务期包括施工准备阶段、施工阶段、交工验收与缺陷责任期阶段。

[3]招标人应根据交通运输主管部门有关规定,对投标人的资质证书等级提出明确要求。

本工程接受[1]联合体投标。联合体投标的应满足：＿＿＿＿＿＿＿＿＿＿＿＿＿＿＿。

投标人可参加本工程的＿＿个监理合同段投标。

具有投资参股关系的关联企业，或具有直接管理和被管理关系的母子公司，或同一母公司的子公司，不得同时对同一标段提出投标申请。

3. 招标文件的获取

有兴趣的投标人持营业执照（副本）、资质证书（副本）、单位介绍信和经办人身份证原件及加盖单位公章的复印件[2]各一份于＿＿＿年＿＿月＿＿日至＿＿＿年＿＿月＿＿日[3]（法定公休日、法定节假日除外），每日＿＿时＿＿分至＿＿时＿＿分（北京时间，下同）到（详细地址）购买招标文件，每套售价人民币＿＿元[4]，逾期不售，售后不退。图纸押金[5]人民币＿＿＿＿元，在退还图纸时退还（不计利息）。

4. 投标文件的递交

递交投标文件的截止时间为＿＿＿年＿＿月＿＿日＿＿时＿＿分，请在该截止时间之前，将投标文件正本1份、副本＿＿份递交至（详细地址）。

5. 发布的媒介

本次招标公告同时在（发布公告的媒介名称）上发布。

6. 联系方式

招　标　人：＿＿（全称）＿＿	招标代理机构：＿＿（全称）＿＿
地　　址：＿＿＿＿＿＿＿＿	地　　址：＿＿＿＿＿＿＿＿
邮　　编：＿＿＿＿＿＿＿＿	邮　　编：＿＿＿＿＿＿＿＿
电子邮箱：＿＿＿＿＿＿＿＿	电子邮箱：＿＿＿＿＿＿＿＿
电　　话：＿＿＿＿＿＿＿＿	电　　话：＿＿＿＿＿＿＿＿
传　　真：＿＿＿＿＿＿＿＿	传　　真：＿＿＿＿＿＿＿＿
联　系　人：＿＿＿＿＿＿＿＿	联　系　人：＿＿＿＿＿＿＿＿
	招　标　人：＿（全称）（盖章）＿
	日　　期：＿＿＿年＿＿＿月＿＿＿日

[1]招标人也可不接受联合体投标。

[2]招标文件中所有复印件均指彩色扫描件或彩色复印件。

[3]资格预审文件和采用资格后审方式的招标文件发售时间不得少于5个工作日。

[4]招标文件售价应根据编制成本确定。

[5]招标人也可发售图纸，售价应根据成本确定；招标人若不提供图纸，应提供满足投标人编制技术建议书需要的参考资料。

第一篇　投标邀请书(适用于已进行资格预审)

________项目________工程施工监理投标邀请书

致:(投标人全称)

你单位已通过________至________公路项目________工程第________监理合同段资格预审,现邀请你单位按招标文件规定的内容,参加投标。

1. 请凭本邀请书并持单位介绍信和经办人身份证原件于______年____月____日至______年____月____日[1](法定公休日、法定节假日除外),每日____时____分至____时____分(北京时间,下同)到 (详细地址) 购买招标文件,每套售价人民币________元[2],逾期不售,售后不退。图纸[3]押金人民币________元,在退还图纸时退还(不计利息)。

2. 投标文件的递交

递交投标文件的截止时间为______年____月____日____时____分,请在该截止时间之前,将投标文件正本1份、副本____份递交至(详细地址)。

3. 确认

收到本邀请书后,请你单位在24小时内以传真方式回复招标人以确认收到,并表明有无投标意向。

4. 联系方式

招　标　人:　　(全称)	招标代理机构:　　(全称)
地　　址:________________	地　　址:________________
邮　　编:________________	邮　　编:________________
电子邮箱:________________	电子邮箱:________________
电　　话:________________	电　　话:________________
传　　真:________________	传　　真:________________
联　系　人:________________	联　系　人:________________

招　标　人:　(全称)(盖章)　

日　　期:______年______月______日

---

[1]资格预审文件和采用资格后审方式的招标文件发售时间不得少于5个工作日。

[2]招标文件售价应根据编制成本确定。

[3]招标人也可发售图纸,售价应根据成本确定;招标人若不提供图纸,应提供满足投标人编制技术建议书需要的参考资料。

第一篇　投标邀请书(适用于邀请招标)

________项目________工程施工监理投标邀请书

(被邀请单位全称):

______省(市、自治区)______至______公路项目初步设计已由(批准机关全称)以(文件号)批准,项目建设单位为________。项目已具备招标条件,现对该项目________工程[1]的施工监理进行邀请招标。招标人为________。现邀请你单位参加本工程第____监理合同段的投标。

1．项目概况及招标范围

本次招标的________至________公路项目____________工程,全长________公里,技术标准为________,工程概算投资额________元。

本工程计划施工工期:______年____月____日至______年____月____日,共____月,监理服务期____月[2]。

本工程设置____级监理机构。设置总监理工程师办公室____个,第一总监理工程师办公室下设驻地监理工程师办公室____个,第二总监理工程师办公室下设驻地监理工程师办公室____个,……

第一监理合同段为________监理工程师办公室,负责第____～____施工合同段的施工监理,桩号为K____+____～K____+____,长____公里,主要工程内容为______________________。

第二监理合同段为________监理工程师办公室,负责第____～____施工合同段的施工监理,桩号为K____+____～K____+____,长____公里,主要工程内容为______________________。

……

2．投标人资格要求

具有交通运输主管部门颁发的公路工程专业____级及以上或__________工程专项监理资质证书[3],持有工商行政管理部门核发的企业法人营业执照,具有______________工程施

[1]应在此明确施工监理招标范围,如路基工程、路面工程、桥梁工程、隧道工程、交通工程及沿线设施工程等。

[2]监理服务期包括施工准备阶段、施工阶段、交工验收与缺陷责任期阶段。

[3]招标人应根据交通运输主管部门有关规定,对投标人的资质证书等级提出明确要求。

工监理经验。

本工程接受[1]联合体投标。联合体投标的应满足:__________________。

3. 招标文件的获取

请持营业执照(副本)、资质证书(副本)、单位介绍信和经办人身份证原件及加盖单位公章的复印件[2]各一份于_____年____月____日至_____年____月____日[3](法定公休日、法定节假日除外),每日____时____分至____时____分(北京时间,下同)到(详细地址)购买招标文件,每套售价人民币____元[4],逾期不售,售后不退。图纸[5]押金人民币 ____元,在退还图纸时退还(不计利息)。

4. 投标文件的递交

递交投标文件的截止时间为_____年____月____日____时____分,请在该截止时间之前,将投标文件正本 1 份、副本____份递交至(详细地址)。

5. 确认

收到本邀请书后,请你单位在 24 小时内以传真方式回复招标人以确认收到,并表明有无投标意向。

6. 联系方式

招 标 人:______(全称)______
地　　址:__________________
邮　　编:__________________
电子邮箱:__________________
电　　话:__________________
传　　真:__________________
联 系 人:__________________

招标代理机构:______(全称)______
地　　址:__________________
邮　　编:__________________
电子邮箱:__________________
电　　话:__________________
传　　真:__________________
联 系 人:__________________
招 标 人:____(全称)(盖章)____
日　　期:_____年_____月_____日

[1]招标人也可不接受联合体投标。

[2]招标文件中所有复印件均指彩色扫描件或彩色复印件。

[3]资格预审文件和采用资格后审方式的招标文件发售时间不得少于 5 个工作日。

[4]招标文件售价应根据编制成本确定。

[5]招标人也可发售图纸,售价应根据成本确定;招标人若不提供图纸,应提供满足投标人编制技术建议书需要的参考资料。

第二篇　投标人须知

投标人须知前附表

说明:1. 如某栏对本工程不适用,应在相应栏中注明“不适用”。

2. 本表各项应无例外一一填写,除“不适用”外,不得留空白。若某日期暂时无法确定,可先填计划日期。

项 目 概 况	具体信息或数据
招标人	招标人名称:________________ 地　　址:________________ 邮　　编:________________ 电 子 邮 箱:________________ 电　　话:________________ 传　　真:________________ 联 系 人:________________
招标代理机构[1] (若有)	招标代理机构名称:____________ 地　址:________________ 邮　编:________________ 电子邮箱:________________ 电　话:________________ 传　真:________________ 联 系 人:________________
项目名称	项目名称:________________
监理机构设置	____级监理机构
招标范围及合同段划分[2]	本次施工监理招标范围:____________。 本次招标分为____个监理合同段。 其中:第一监理合同段:____监理工程师办公室; 第二监理合同段:____监理工程师办公室; ……
建设单位的管理机构[3]	
资金来源	资金来源为:(投资组成),其中部分资金用于支付本工程的监理费用。

续上表

条款号	条 款 名 称	具体信息或数据
2	投标人最多可获得中标资格数量	____个
2.2	联合体投标 **（适用于未进行资格预审）**	接受
2.2(1)	联合体成员数量 **（适用于未进行资格预审）**	____个
4.1	是否组织现场考察	
	现场考察时间、地点	时间：______年____月____日____时____分 集合地点：<u>（详细地址）</u>
5.1	是否召开标前会议	
	标前会议时间、地点	时间：______年____月____日____时____分 会议地点：<u>（详细地址）</u>
5.2	投标人提出问题的截止时间	______年____月____日____时____分
5.3	投标人确认收到补遗书的截止时间	收到补遗书后____小时内
6.5	招标人是否设定投标控制价上、下限	
6.6	招标人是否设定标底	
7	投标人要求澄清招标文件的截止时间	递交投标文件截止时间____日前
10.2	监理服务费 **（适用于固定标价评分法）**	第一监理合同段：________元 第二监理合同段：________元 ……
10.4 (10.5)	监理服务费是否调整	
11.1	投标保证金形式	
	投标保证金金额	人民币________元
	招标人开户银行	
	招标人账号	
	若采用银行保函，出具保函的银行级别	
12	投标文件有效期	递交投标文件截止时间后____日内
13.1	投标文件份数	正本1份，副本____份
14.3	外层信封书写要求	招标人　邮编：______________________ 地址：______________________ 名称：______________________ ______项目______工程第____监理合同段投标文件； 在______年____月____日____时____分（即开标时间）前不得开封

续上表

条款号	条 款 名 称	具体信息或数据
14.4	内层信封书写要求 **（适用于固定标价评分法）**	投标人　邮编：____________________ 地址：____________________ 名称：____________________ ________项目______工程第____监理合同段投标文件商务文件或 ________项目______工程第____监理合同段投标文件技术建议书 招标人地址及名称：__________________（寄）
14.4	内层信封书写要求 **（适用于综合评标法、技术评分合理标价法）**	投标人　邮编：____________________ 地址：____________________ 名称：____________________ ________项目______工程第____监理合同段投标文件商务文件和技术建议书或 ________项目______工程第____监理合同段投标文件财务建议书 招标人地址及名称：__________________（寄）
15.1	递交投标文件地点、截止时间	地点：(详细地址) 截止时间：____年____月____日____时____分
15.2	通知推迟递交投标文件截止时间	原定截止时间____日前
18.1	开标时间、地点	时间：同递交投标文件截止时间 地点：(详细地址)
18.2	是否邀请公证机构	
19.2	投标资料保密时间	从开标至合同期满后____年内
20.2	本工程采用的评标方法	
22.1	投标人收到中标通知书告知时间	____小时内
24.1	履约担保形式	
	履约担保金额	监理服务费的____%
31	监督部门	监督部门：____________________ 地　址：____________________ 电　话：____________________ 传　真：____________________ 邮　编：____________________
32	需要补充的其他内容	
……	……	

注：[1]招标人自行组织招标，应删除招标代理机构内容。招标代理服务费应按照《招标代理服务收费管理暂行办法》（计价格[2002]1980号文）及《国家发展改革委办公厅关于招标代理服务收费有关问题的通知》（发改办价格[2003]857号）的规定计取。

[2]招标人应在此明确监理合同段划分及采用监理总承包还是监理机构分别招标。

[3]如建设单位在工程现场设置管理机构，对该机构的授权、机构设置、职责等应在此处明确。

投标人须知

一、总则

1. 项目概况

1.1 项目说明:见附件1。

1.2 主要工程数量表:见附件2。

1.3 项目地理位置示意图:见附件3。

1.4 施工工期及监理服务期:见附件4。

2. 投标人的合格条件(适用于未进行资格预审)

2.1 投标人的资格要求须满足附件5的要求。

2.2 投标人须知前附表规定招标人接受联合体投标的,联合体必须符合以下要求:

(1)联合体成员可以由投标人须知前附表规定数量的监理企业组成,联合体各方均应当具备承担招标项目的相应能力和投标人须知第2.1款规定的相应资质要求。由同一专业的监理企业组成的联合体,按照资质等级较低的企业确定资质等级;

(2)必须明确联合体牵头人,授权代理人。拟派驻现场监理机构的负责人应为联合体牵头人单位的人员;

(3)联合体各方须签订联合体协议书,约定各方拟承担的工作和责任,并将联合体协议书连同投标文件一并提交招标人;

(4)联合体各方签订联合体协议书后,只能以一个投标人的身份投标,不得针对同一监理合同段再以各自名义单独投标或者参加其他联合体投标;

(5)联合体各方必须分别提供能证明其监理资质、法人资格及工程监理业绩等的文件或资料复印件,并加盖投标人公章。

2.3 招标人不接受投标人的分包申请并禁止转让。

2.4 投标人应对投标文件的真实性负责;如果招标人在招标阶段的评审中发现投标人有弄虚作假行为的,招标人有权拒绝该投标人的投标文件进入下一阶段的评审,并没收其投标保证金。

2.5 投标人不得与其所投标的监理合同段对应工程的施工单位以及建筑材料、建筑构配件和设备供应单位有隶属关系或者其他利害关系。

2.6 具有投资参股关系的关联企业,或具有直接管理和被管理关系的母子公司,或同一母公司的子公司,不得同时对同一标段提出投标申请。

2. 投标人的合格条件(适用于已进行资格预审)

2.1　投标人必须通过资格预审[1]并取得投标资格。

2.2　投标人在递交的投标文件中应按新情况更改或补充其在资格预审时提供的资料，以证实其仍能满足资格预审文件的要求，更新资料应包括以下内容：

(1)投标人名称、资质和法定代表人的变更情况及相关行业审批部门出具的证明资料；

(2)资格预审后新竣工验收的同类公路工程的项目监理评定书或有关的质量证明文件；

(3)资格预审后新承接工程的名称、规模、工期和已投入的主要监理人员等情况；

(4)拟投入本工程的主要监理人员变化情况[2]；

(5)资格预审之后介入仲裁或诉讼的情况。

2.3　招标人不接受投标人的分包申请并禁止转让。

2.4　投标人应对投标文件的真实性负责；如果招标人在招标阶段的评审中发现投标人有弄虚作假行为的，招标人有权拒绝该投标人的投标文件进入下一阶段的评审，并没收投标保证金。

2.5　投标人不得与其所投标的监理合同段对应的施工单位以及建筑材料、建筑构配件和设备供应单位有隶属关系或者其他利害关系。

3. 投标费用

不论中标与否，投标人在投标过程中的一切费用均由投标人自行承担。

4. 现场考察

4.1　招标人将按投标人须知前附表规定组织投标人对工程现场及周围环境进行实地考察[3]。

4.2　招标人不组织现场考察的，投标人可以自行进入工程现场进行考察，但投标人不得因此而使招标人或招标人的代理人承担有关的责任或蒙受损失。

4.3　除招标人的原因外，投标人自行负责在现场考察中所发生的人员伤亡和财产损失。

4.4　招标人在现场考察中介绍的工程场地和相关的周边环境情况，供投标人在编制投标文件时参考，招标人不对投标人据此作出的判断和决策负责。

5. 标前会议

5.1　招标人将按投标人须知前附表规定召开标前会议[4]。

---

[1]采用资格预审时，招标人应编制资格预审文件。资格预审文件包括招标公告、申请人须知、资格审查要求、资格审查办法、资格预审申请文件格式等内容。资格审查要求应按照本范本附件5内容编写，并采用《公路工程施工监理招标投标管理办法》(交通部2006年第5号令)规定的资格审查办法。

[2]如资格预审与招标文件发售间隔时间较长或因不可抗力，导致主要监理人员必须更换时，应征得招标人书面同意且更换人员资质不得低于被更换人员。

[3]如组织现场考察，建议安排在发售招标文件后立即组织为宜，以避免非本地投标人的往返。

[4]标前会议的召开时间和招标文件开始发售的时间应有一定间隔，以便使投标人仔细阅读文件和准备提问。

5.2　投标人在现场考察(如果有)及阅读招标文件后提出的与投标有关的问题,招标人应在标前会议上予以解答。投标人应在投标人须知前附表规定的截止时间之前,以书面形式将要求答复的问题提交给招标人,以便招标人进行准备。

5.3　招标人将在标前会议结束后,以补遗书形式书面答复投标人提出的问题,并送达所有已购买招标文件的投标人。投标人收到补遗书后,应在投标人须知前附表规定的时间内以书面形式向招标人确认已经收到。

5.4　招标人不会因投标人未出席标前会议而取消其投标资格,但由此造成的后果由投标人自负。

二、招标文件

6. 招标文件的内容

6.1　招标文件包括以下内容:

第一卷　第一篇　招标公告(投标邀请书)

第二篇　投标人须知

第三篇　合同通用条款

第四篇　合同专用条款

第二卷　第五篇　监理规范

第六篇　工程专用规范

第七篇　技术规范

第三卷　第八篇　投标文件格式

第九篇　中标通知书格式

第十篇　监理合同协议书格式

第十一篇　银行预付款保函格式

第十二篇　银行履约保函格式

第十三篇　支付担保保函格式

第四卷　第十四篇　图纸和资料

此外,招标人在招标期间发出的问题答复、补遗书和其他正式函件,均作为招标文件的组成部分,投标人应一并阅读。

6.2　投标人应仔细阅读招标文件,按照招标文件的要求编制投标文件,并对招标文件提出的实质性要求和条件做出响应。凡与招标文件规定严重不符的,其投标文件作废标处理。

6.3　投标人应认真检查招标文件是否完整,若发现缺页或附件不全时,应及时向招标人提出,以便补齐。

6.4　招标人设定的固定价格[1]，将在递交投标文件截止时间15日前以补遗书方式告知各投标人。**（适用于固定标价评分法）**

6.5　投标人须知前附表规定招标人设定投标控制价上、下限的[1]，将在递交投标文件截止时间15日前以补遗书方式告知各投标人。**（适用于综合评标法、技术评分合理标价法）**

6.6　投标人须知前附表规定招标人设定标底的[1]，将在开标时公布。**（适用于综合评标法、技术评分合理标价法）**

7．招标文件的澄清和解答

要求对招标文件进行澄清的投标人，应在投标人须知前附表规定的时间前，将要求澄清和解答的问题以书面形式送达招标人。招标人将在递交投标文件截止时间15日前以补遗书方式送达所有已购买招标文件的投标人。投标人收到后，应在投标人须知前附表规定的时间内以书面形式向招标人确认收到。

8．招标人对招标文件的修改

8.1　招标人可能会因任何原因（包括按投标人须知第5条在标前会议期间回答投标人提出的问题）对招标文件进行修改，招标人将在递交投标文件截止时间15日前，将修改内容以补遗书方式向所有已购买招标文件的投标人发出。投标人收到后，应在投标人须知前附表规定的时间内以书面形式向招标人确认收到。

8.2　补遗书（包括本须知其他条款中提及的补遗书）将以书面形式发出，补遗书是招标文件的组成部分。补遗书按时间先后顺序编号，对所有投标人都具有约束力。补遗书与招标文件不一致的部分以补遗书为准。如果前后发出的补遗书的内容不一致时，以后发出的补遗书为准。

8.3　为使投标人在编制投标文件时有合理的时间对上述补遗书的内容加以考虑，招标人可以按投标人须知第15.2款的规定，将递交投标文件截止时间向后推迟。

三、投标文件的编制

9．投标文件的内容

9.1　投标人编制的投标文件，应包括以下内容：

（1）商务文件，包括：

a. 投标书

b. 联合体协议（如果有）

c. 法定代表人身份证明

d. 授权书（如果有）

---

[1]招标人设定的固定标价、投标控制价上、下限或标底，其基准价根据《建设工程监理与相关服务收费管理规定》（发改价格[2007]670号）计算，浮动幅度不应超过±20%。

e. 投标保证金

f. 资格审查资料(**适用于未进行资格预审**)

g. 资格审查更新资料(**适用于已进行资格预审**)

(2)技术建议书

(3)财务建议书(**适用于综合评标法、技术评分合理标价法**)

(4)招标文件要求提交的其他资料

9.2 投标人应递交拟完成本工程监理服务的技术建议书,其内容应翔实,足以说明投标人的建议能满足招标文件的要求。

9.3 投标人应递交拟完成本工程监理服务的财务建议书,说明投标人按照招标文件的要求完成该服务所需的费用。(**适用于综合评标法、技术评分合理标价法**)

9.4 投标文件必须使用招标文件所提供的投标文件格式,表格可以按同样格式扩展和复制。

10. 投标报价(适用于固定标价评分法)

10.1 投标报价是投标人按照招标文件的要求完成施工准备阶段、施工阶段、交工验收与缺陷责任期阶段监理工作所需的费用。

10.2 投标人应按投标人须知前附表公布的监理服务费在投标书中填报。

10.3 投标人未按给定的监理服务费填报的,作废标处理。

10.4 当合同实施期间条件发生变化时,监理服务费按投标人须知前附表的规定调整。

10.5 本工程的投标报价和中标后结算一律采用人民币。

10. 投标报价(适用于综合评标法、技术评分合理标价法)

10.1 投标报价是投标人按照招标文件的要求完成施工准备阶段、施工阶段、交工验收与缺陷责任期阶段监理工作所需的费用。

10.2 本合同监理服务费应按照《建设工程监理与相关服务收费管理规定》(发改价格[2007]670 号)计算。其中,施工阶段监理服务费[1]应在按照附件 1 给定的监理服务费计费额计算本合同监理服务费基准价的基础上,投标人结合自身因素,进行投标报价;交工验收与缺陷责任期阶段监理服务费可参照《建设工程监理与相关服务人员人工日费用标准》(发改价格[2007]670 号)规定的收费标准计算投标报价。

10.3 投标人必须按照招标文件规定的格式和内容,在财务建议书中计算投标报价。

10.4 投标人应按照招标文件列出的表格格式,填报监理服务费。投标人未填报的部分,在工程实施时发包人将不予支付,并认为该部分费用已包含在报价中。

10.5 当合同实施期间条件发生变化时,投标人须知前附表规定监理服务费予以调整的,按第三篇合同通用条款 6.2.4 项的规定执行。

[1]施工阶段监理服务费应包含施工准备阶段和施工阶段的监理服务费用,后同。

10.6　本工程的投标报价和中标后结算一律采用人民币。

10.7　招标人设定投标控制价上、下限或标底的，投标人的投标报价不得超出招标人设定的投标控制价上、下限或标底上浮范围，否则作废标处理。

11. 投标保证金

11.1　投标人递交投标文件的同时，应按投标人须知前附表规定的形式和金额提交投标保证金[1]。联合体投标的，应当以联合体牵头人的名义提交投标保证金，并对联合体各成员均具有约束力。

若采用银行汇票、电汇，投标人应将投标保证金由投标人的账户一次性汇入或转入到招标人指定账户，否则，视为投标保证金无效。

若采用银行保函，则应由国有或股份制商业银行开具。银行保函应采用招标文件提供的格式。银行保函原件应在递交投标文件截止时间前单独密封递交给招标人。

11.2　投标人未按要求提交投标保证金的，其投标文件作废标处理。

11.3　招标人与中标人签订监理合同协议书后5个工作日内，招标人退还未中标人的投标保证金。中标人的投标保证金，在提交了履约担保并签订了监理合同协议书后5个工作日内退还。

11.4　投标保证金在投标文件有效期满后30日内保持有效，招标人如果按投标人须知12条的规定延长了投标文件有效期，则投标保证金的有效期也相应延长。

11.5　出现下列情况之一者，投标保证金将不予退还：

(1)投标人在投标文件有效期内撤回其投标文件；

(2)中标人在收到中标通知书后，无正当理由不与招标人签订合同或未能按招标文件规定提交履约担保；

(3)投标人不接受依据评标办法的规定对其投标文件中细微偏差进行澄清和补正；

(4)投标人以他人名义投标、与他人串通投标、以行贿手段谋取中标、弄虚作假等行为。

12. 投标文件的有效期[2]

招标人可在原定投标文件有效期内根据需要提出延长投标文件有效期的要求。投标人同意此要求的，投标文件有效期相应延长，但投标人不得因此而提出修改其投标文件的要求。投标人也可以拒绝此要求，招标人不得因此没收投标人的投标保证金，但其投标文件超过原有效期后将自动失效。

13. 投标文件的形式和签署

13.1　投标人向招标人递交投标人须知前附表规定份数的投标文件，副本应是正本的复制件。投标文件应在其封面及外包装上清楚注明“正本”和“副本”字样。当正本与副本的内

---

[1]招标人要求投标人提交投标保证金的，投标保证金金额不宜超过五万元人民币。招标人可根据交通运输主管部门确定的投标人信用评价状况适当增减投标保证金额度。投标人拟投多个合同段的，应对所投合同段分别提交投标保证金。

[2]投标文件有效期一般为60～120日。

容不一致时，以正本为准。

13.1 投标人向招标人递交投标人须知前附表规定份数的投标文件，副本应是正本的复制件。除技术建议书副本外，投标文件应在其封面及外包装上清楚注明“正本”和“副本”字样。当正本与副本的内容不一致时，以正本为准。**（适用于采用技术建议书无标识方式招标）**

13.2 投标文件正本应使用不褪色的墨水书写或打印，投标文件内任何有文字页须经投标人的法定代表人或其授权的代理人逐页签署姓名，不得用签名章代替。

如果投标文件由授权代理人签署，其代理人的授权书应按招标文件规定的格式出具，并由授权人和被授权人亲笔签名，禁止使用印章或签名章。经公证机关对投标人法定代表人、授权代理人的签字、投标人公章的真实性作出有效公证后，将公证书原件装订在投标文件的正本之中。

如果由投标人的法定代表人签署投标文件，则不需提交授权书，但应经公证机关对投标人法定代表人身份证明的真实性作出有效公证，并将公证书原件装订在投标文件的正本之中。

13.3 投标文件的任何一处涂改、行间插字或删除，均应由前款规定的投标文件签署人在修改处签署姓名并加盖投标人公章。

13.4 投标文件的正本与副本应分别装订成册，不得采用活页装订。否则，招标人对由于投标文件装订松散而造成的丢失或其他后果不承担任何责任。投标文件应编制目录，并且从目录开始逐页标注连续页码。

13.5 技术建议书应按照本招标文件第八篇对技术建议书格式的要求编制并单独装订，技术建议书正本封面加盖投标人公章一枚，除此之外，技术建议书所有正文中不得出现投标人的名称和其他可识别投标人身份的文字、符号、标识等[1]。技术建议书禁止进行涂改、行间插字或删除。**（适用于采用技术建议书无标识方式招标）**

四、投标文件的递交

14. 投标文件的密封和标记

14.1 投标文件的商务文件和技术建议书应当密封于一个信封中，成为一份投标文件。投标文件包装必须使用内、外两层封套，内、外封套应分别加贴密封条并盖密封章。**（适用于固定标价评分法）**

14.1 投标文件的商务文件和技术建议书应当密封于一个信封中，财务建议书密封于另一个信封中。上述两个信封应当再密封于同一信封内，成为一份投标文件。投标文件包装必

[1]招标文件应规定技术建议书无标识具体要求，包括纸张与装订、封面、封底、侧封以及正文的格式等。

须使用内、外两层封套,内、外封套应分别加贴密封条并盖密封章。**(适用于综合评标法、技术评分合理标价法)**

14.2　商务文件、技术建议书正本与技术建议书副本分别密封于两个信封中,封套上应分别标明“商务文件和技术建议书正本”和“技术建议书副本”字样,上述两个信封应当再密封于同一信封内[1]。**(适用于采用技术建议书无标识方式招标)**

14.3　投标文件外层信封应按照投标人须知前附表的规定书写,除此之外不得有任何投标人的识别标记。

14.4　内层信封上应按照投标人须知前附表的规定书写,以便因投标文件迟到或其他原因造成招标人不能接受该投标文件时得以原封退回。

14.5　如果同时投多个合同段,不同合同段的投标文件应分别装订、密封。

14.6　不符合上述要求的投标文件招标人将不予签收。

14.7　如果因投标人的原因造成投标文件迟到或遗失,过早启封或失密等情况,招标人概不负责。

15. 递交投标文件截止时间

15.1　投标人必须按照投标人须知前附表规定的时间[2]和地点[3]递交投标文件,并由招标人签收。

15.2　招标人按投标人须知第7条、第8条发出补遗书后,如果决定推迟递交投标文件截止时间,将在投标人须知前附表规定的时间前将延期通知送达所有投标人。在此情况下,招标人和投标人的权利和义务相应延后至新的投标截止时间。

16. 迟到的投标文件

招标人将拒绝接受在递交投标文件截止时间后送达的投标文件,并将该投标文件按照其内层信封上写明的地址退回或由投标人自行带回。

17. 投标文件的修改和撤回

17.1　在递交投标文件截止时间前,投标人可以对已递交的投标文件进行修改或撤回,但必须以书面形式通知招标人并按招标文件要求签署。修改或撤回的正式申请函件必须在递交投标文件截止时间前送达招标人签收。

17.2　修改的内容为投标文件的组成部分,应同样按照投标人须知第13条、第14条、第15条的要求进行签署、密封、标记和递交,并标明“修改”字样。

---

[1]如技术建议书采用无标识方式招标,本款应与14.1款共同使用。

[2]自发售招标文件之日起至提交投标文件截止之日止不得少于20日。

[3]本条中递交投标文件的地址与招标公告(投标邀请书)中规定的递交地址应一致;若此地址与招标人地址不相同时,应注意避免出现投标文件送达错误。

五、开标与评标

18. 开标

18.1 招标人将按照投标人须知前附表规定的时间和地点开标。开标时,投标人的法定代表人应持法定代表人身份证明及本人身份证件或其授权代理人持授权书及本人身份证件准时出席并在签到簿上签名。如投标人的法定代表人或其授权代理人未出席开标仪式,视其默认开标记录。

18.2 开标由招标人主持,招标人应先介绍投标文件的递交情况,并由投标人或其推选的代表检查投标文件的密封情况,如委托公证也可由公证机构检查并公证。

18.3 经确认无误后,由招标人当众拆封商务文件和技术建议书,对投标书的签署等进行核查。

18.4 投标文件中财务建议书信封在开标时不予拆封,由交通运输主管部门保存[1]。财务建议书信封拆封应符合附件6的规定[2]。**(适用于综合评标法、技术评分合理标价法)**

18.5 开标时,招标人宣读投标人的名称、所投监理合同段、投标保证金的递交情况、投标价**(采用固定标价评分法时)**和总监理工程师等主要监理人员以及招标人认为必要的其他细节。

18.6 如果招标人宣读的结果与投标文件不符时,投标人有权在开标现场提出异议,经监督或公证机构当场核查确认后,可重新宣读其投标文件。若投标人现场未提出异议,则认为投标人已确认招标人宣读的结果,投标人法定代表人或其授权代理人须在开标记录表(格式见附件7)上签字。

18.7 招标人应做好开标记录(格式见附件7)并经招标人代表、投标人、监督人、记录人签字后存档备案。

18.8 出现下列情况之一者,投标文件将不予接收:

a. 逾期送达的或者未送达指定地点的;

b. 投标文件未按投标人须知第14条规定密封和标记的。

18.9 开标时,投标文件出现以下任一情况,投标文件作废标处理:

a. 投标书中所述标段号与外包封的标段号不一致;

b. 正、副本份数不满足招标文件规定;

c. 投标书未按照招标文件规定签署或加盖投标人公章;

d. 投标书未填写投标报价。**(适用于固定标价评分法)**

19. 保密

19.1 开标后直到签订监理合同协议书为止,凡与投标文件的审查、澄清、评价和比较等

---

[1]财务建议书信封的保存,也可按招标工程所在地招标主管部门规定执行。

[2]招标人可组织二次开标并设定开标程序,如不组织二次开标应将结果告知各投标人。

有关的工作都应在保密的条件下进行。

19.2　在投标人须知前附表规定的保密时间内,招标人和投标人不得针对对方的投标文件和招标文件向任何第三方泄露。

20. 评标

20.1　评标由招标人依法组建的评标委员会负责。

20.2　评标委员会按照投标人须知前附表规定的评标方法(详见附件6)进行评标。

六、合同的授予

21. 定标方式

21.1　除授权评标委员会直接确定中标人外,招标人依据评标委员会推荐的中标候选人确定中标人。

21.2　如果排名第一的中标候选人放弃中标、因不可抗力提出不能履行合同,或者中标人未能遵守投标人须知第23.1款或第24条的规定,在此情况下,招标人有权取消其中标资格,招标人可依序确定其他中标候选人为中标人。当所有中标候选人因上述同样原因不能签订合同的,招标人将依法重新招标。

21.3　招标人应将评标报告和评标结果向交通运输主管部门备案并公示。

22. 中标通知书

22.1　招标人将在投标文件有效期内,向中标人发出中标通知书,确认其投标文件已被接受。中标通知书将写明招标人支付给中标人实施和完成本工程监理服务所需的监理服务费用。投标人在收到中标通知书后,应在投标人须知前附表规定的时间内以书面形式告知招标人。

22.2　中标通知书是合同文件的组成部分。

22.3　招标人即使已经向中标人发出了中标通知书,若发生下列情况之一者,中标无效,招标人应向交通运输主管部门备案。

(1)经查实投标人有弄虚作假、隐瞒事实真相骗取中标等行为;

(2)经查实投标人有转借资质行为或以行贿等手段谋取中标。

23. 合同协议书的签署

23.1　招标人和中标人应在自发出中标通知书之日起30日内,按照招标人与中标人约定的时间和地点签署监理合同协议书。

23.2　监理合同协议书由双方法定代表人或其授权的代理人签署并加盖双方公章,双方均应出示法定代表人或其授权的代理人的有效身份证明。

23.3　双方签署监理合同协议书后,招标人应同时将中标结果告知所有投标人。

24. 履约担保

24.1 在签订监理合同协议书前，中标人须按投标人须知前附表规定的形式和金额向招标人提交履约担保[1]。

24.2 履约担保可采用本招标文件第十二篇规定的银行履约保函格式，或招标人认可的其他形式。

24.3 投标人未按规定提交履约担保的，招标人将取消其中标资格，并没收其投标保证金。

24.4 履约担保的返还按第三篇合同通用条款第4.5.3项的规定执行。

24.5 招标人要求中标人提交履约担保的应同时向中标人提交监理服务费支付担保。

七、重新招标和不再招标

25. 出现下列特殊情况之一，招标人可重新招标

(1)投标截止时间止，递交投标文件的投标人少于三个的；

(2)经评标委员会否决全部投标的；

(3)评标委员会推荐的中标候选人均未能与招标人签订监理合同协议书的。

26. 不再招标

重新招标后投标人仍少于3个或者所有投标被否决的，属于必须审批或核准的工程建设项目，经原审批或核准部门批准后不再进行招标。

八、纪律和投诉

27. 对招标人的纪律要求

招标人不得泄漏招标投标活动中应当保密的情况和资料，不得损害国家利益、社会公共利益或者他人合法权益。

28. 对投标人的纪律要求

投标人不得相互串通投标或者与招标人串通投标，不得向招标人或者评标委员会成员以行贿等违法方式谋取中标，不得以他人名义投标或者以其他方式弄虚作假骗取中标，投标人不得以任何方式干扰、影响评标工作。

29. 对评标委员会成员的纪律要求

评标委员会成员不得收受投标人的财物或者其他好处，不得向他人透露对投标文件的评

---

[1]招标人要求中标人提供履约担保的，履约担保金额不应超过合同金额的5%。招标人可根据投标人信用评价状况适当增减履约担保额度。招标人要求中标人提供履约担保后，一般不应再要求其提供质量保证金等其他方面的担保。

审和比较、中标候选人的推荐情况以及评标有关的其他情况。在评标活动中，评标委员会成员不得擅离职守，影响评标程序正常进行，不得使用本工程“评标办法”没有规定的评审因素和标准进行评标，法律、法规和规章规定的除外。

30. 对与评标活动有关的工作人员的纪律要求

与评标活动有关的工作人员不得收受投标人的财物或者其他好处，不得向他人透露对投标文件的评审和比较、中标候选人的推荐情况以及评标有关的其他情况。在评标活动中，与评标活动有关的工作人员不得擅离职守，影响评标程序正常进行。

31. 投诉

投标人和其他利害关系人认为本次招标活动不符合法律、法规和规章规定的，有权依法向投标人须知前附表规定的监督部门投诉。

九、其他

32. 需要补充的其他内容

需要补充的其他内容。

投标人须知附件

附件1 项目说明

项目说明应包括以下内容：

（1）项目概况：公路的起讫地点、里程、等级、技术标准、主要控制点；桥涵的结构形式；独立特大桥的桥型、荷载标准、跨径、桥长、桥宽、基础、水深、引道长度等；独立隧道的长度、宽度、防水排水、衬砌和设施等；附属设施标准、规格等；

（2）水文、气象及地质简况；

（3）交通、电力、通信及其他条件；

（4）施工合同段划分；

（5）各监理合同段建筑安装工程费（监理服务费计费额）。

附件2　主要工程数量表

<table>
<tr><td colspan="3" rowspan="2">项　　目</td><td rowspan="2">单位</td><td colspan="2">第__监理合同段</td><td colspan="2">第__监理合同段</td></tr>
<tr><td>第__施工合同段</td><td>第__施工合同段</td><td>第__施工合同段</td><td>第__施工合同段</td></tr>
<tr><td colspan="3">起讫桩号</td><td></td><td></td><td></td><td></td><td></td></tr>
<tr><td colspan="3">公路里程</td><td>km</td><td></td><td></td><td></td><td></td></tr>
<tr><td rowspan="2">路基土石方</td><td colspan="2">挖　方</td><td>m^3</td><td></td><td></td><td></td><td></td></tr>
<tr><td colspan="2">填　方</td><td>m^3</td><td></td><td></td><td></td><td></td></tr>
<tr><td colspan="3">圬工砌体(排水/防护)</td><td>m^3</td><td></td><td></td><td></td><td></td></tr>
<tr><td colspan="3">软基处理</td><td>km</td><td></td><td></td><td></td><td></td></tr>
<tr><td colspan="3">基层</td><td>m^2</td><td></td><td></td><td></td><td></td></tr>
<tr><td colspan="3">沥青混凝土路面</td><td>m^2</td><td></td><td></td><td></td><td></td></tr>
<tr><td colspan="3">水泥混凝土路面</td><td>m^2</td><td></td><td></td><td></td><td></td></tr>
<tr><td rowspan="4">桥梁</td><td colspan="2">特大桥</td><td>m/座</td><td></td><td></td><td></td><td></td></tr>
<tr><td colspan="2">大　桥</td><td>m/座</td><td></td><td></td><td></td><td></td></tr>
<tr><td colspan="2">中　桥</td><td>m/座</td><td></td><td></td><td></td><td></td></tr>
<tr><td colspan="2">小　桥</td><td>m/座</td><td></td><td></td><td></td><td></td></tr>
<tr><td colspan="3">涵　洞</td><td>道</td><td></td><td></td><td></td><td></td></tr>
<tr><td rowspan="4">互通立交</td><td colspan="2">数　量</td><td>处</td><td></td><td></td><td></td><td></td></tr>
<tr><td rowspan="3">其中</td><td>主线桥</td><td>m/座</td><td></td><td></td><td></td><td></td></tr>
<tr><td>匝道桥</td><td>m/座</td><td></td><td></td><td></td><td></td></tr>
<tr><td>匝道
(扣除桥长)</td><td>km</td><td></td><td></td><td></td><td></td></tr>
<tr><td colspan="3">分离式立交</td><td>m/座</td><td></td><td></td><td></td><td></td></tr>
<tr><td colspan="3">通　道</td><td>道</td><td></td><td></td><td></td><td></td></tr>
<tr><td rowspan="4">隧道</td><td colspan="2">特长隧道</td><td>m/道</td><td></td><td></td><td></td><td></td></tr>
<tr><td colspan="2">长隧道</td><td>m/道</td><td></td><td></td><td></td><td></td></tr>
<tr><td colspan="2">中隧道</td><td>m/道</td><td></td><td></td><td></td><td></td></tr>
<tr><td colspan="2">短隧道</td><td>m/道</td><td></td><td></td><td></td><td></td></tr>
<tr><td colspan="3">……</td><td></td><td></td><td></td><td></td><td></td></tr>
</table>

注:如招标范围超出本表所列工程内容,可另行制表或说明。

附件 3　项目地理位置示意图

项目地理位置示意图应清晰可辨，比例适当，能够反映项目地理位置、标段划分等内容。

附件4　施工工期及监理服务期

<table>
<tr><th>监理
合同段</th><th>施工
合同段</th><th>施工工期
（月）</th><th>施工准备阶段
监理服务期
（月）</th><th>施工阶段
监理服务期
（月）</th><th>交工验收与缺陷责任期阶段
监理服务期
（月）</th></tr>
<tr><td rowspan="3">1</td><td>1</td><td></td><td rowspan="3"></td><td rowspan="3"></td><td rowspan="3"></td></tr>
<tr><td>2</td><td></td></tr>
<tr><td>…</td><td></td></tr>
<tr><td rowspan="3">2</td><td>…</td><td></td><td rowspan="3"></td><td rowspan="3"></td><td rowspan="3"></td></tr>
<tr><td>…</td><td></td></tr>
<tr><td>…</td><td></td></tr>
<tr><td rowspan="3">…</td><td>…</td><td></td><td rowspan="3"></td><td rowspan="3"></td><td rowspan="3"></td></tr>
<tr><td>…</td><td></td></tr>
<tr><td>…</td><td></td></tr>
</table>

附件 5 资格审查要求

附件 5-1 资　　质

合同段:________

项　　目	要　　求	备 注
资质	具备交通运输主管部门颁发的公路工程专业____级及以上或________________工程专项监理资质证书[1],持有工商行政管理部门核发的有效企业法人营业执照。	

注:[1]招标人应根据交通运输主管部门有关规定,对投标人的资质证书等级提出明确要求。

附件5-2 业　　绩

合同段：________

项　目	要　求	备注
业绩	近____年[1]内至少独立完成过____项____级公路________工程[2]的监理任务。	

注：[1]一般应要求投标人提供最近4～6年的监理业绩。

[2]招标人可针对施工监理招标范围，如路基工程、路面工程、桥梁工程、隧道工程、交通工程及沿线设施等，增加工程规模、结构形式等具体资格审查要求。

附件5-3　人　　员

附件5-3-1　总监理工程师办公室

合同段：________

序号	监理岗位	资格要求	数　量	备　注
1	总监理工程师	具有交通运输部公路工程监理工程师资格（________专业），且已在投标人处进行岗位登记，具有相关专业高级技术职称，五年以上现场工程监理经历，担任过两项以上同类工程监理负责人		
2	备选总监理工程师	具有交通运输部公路工程监理工程师资格（________专业），且已在投标人处进行岗位登记，具有相关专业高级技术职称，五年以上现场工程监理经历，担任过两项以上同类工程监理负责人		
3	试验室主任	持有交通运输部颁发的试验检测工程师资格证书，具有________专业中级及以上技术职称，三年以上试验检测工作经历		
4	专业监理工程师	具有交通运输部公路工程________专业监理工程师资格，具有相关专业中级及以上技术职称		
…	……			

注：[1] 对监理工程师数量的要求，宜按照《公路工程施工监理规范》（JTG G10—2006）的规定配备。

[2] 资格审查要求中具有交通运输部公路工程监理工程师（含专业监理工程师）资格证书的监理人员总数量的50%以上应为投标人自有人员，且总监理工程师、试验室主任、驻地监理工程师必须为投标人自有人员。自有人员应在本单位进行岗位登记并依法签订劳动合同。

[3] 招标文件中规定同一投标人可以获得多个合同段中标资格，招标人应在资格审查要求中明确人员不得重复等要求。

附件 5-3-2　驻地监理工程师办公室

合同段：________

序号	监理岗位	资格要求	数量	备注
1	驻地监理工程师	具有交通运输部公路工程监理工程师资格（________专业），且已在投标人处进行岗位登记，具有相关专业中级及以上技术职称，同类工程三年以上监理经历		
2	备选驻地监理工程师	具有交通运输部公路工程监理工程师资格（________专业），且已在投标人处进行岗位登记，具有相关专业中级及以上技术职称，同类工程三年以上监理经历		
3	专业监理工程师	具有交通运输部公路工程________专业监理工程师资格，具有相关专业中级及以上技术职称		
…	……			

注：[1] 对监理工程师数量的要求，宜按照《公路工程施工监理规范》（JTG G10—2006）的规定配备。

[2] 资格审查要求中具有交通运输部公路工程监理工程师（含专业监理工程师）资格证书的监理人员总数量的50%以上应为投标人自有人员，且总监理工程师、试验室主任、驻地监理工程师必须为投标人自有人员。自有人员应在本单位进行岗位登记并依法签订劳动合同。

[3] 招标文件中规定同一投标人可以获得多个合同段中标资格，招标人应在资格审查要求中明确人员不得重复等要求。

附件 5-4　试验、检测设备

附件 5-4-1　总监办中心试验室

合同段：________

序号	试验、检测项目	设备名称	规格、型号	数量	备　　注
1					
2					
3					
4					
5					
6					
7					
8					
9					
10					
…					

注：对试验、检测设备的资格审查要求，应根据监理合同中规定的监理任务确定。

附件 5-4-2　驻地办试验室

合同段：________

序号	试验、检测项目	设备名称	规格、型号	数量	备　　注
1					
2					
3					
4					
5					
6					
7					
8					
9					
…					

注：对试验、检测设备的资格审查要求，应根据监理合同中规定的监理任务确定。

附件5-5　财　　务

合同段：________

项　　目	要　　求	备　注
财务能力	1. 投标人近______年已签订和完成的公路工程施工监理合同的合同额不少于人民币______万元。 2. 投标人在上一年度的流动资产与流动负债的比率不小于1。 3. 其他。	

附件 5-6　诉讼和履约

合同段:________

项　　目	要　　求	备　注
诉讼和履约	1. 投标人没有正受到责令停业的行政处罚或正处于财务被接管、冻结、破产的状态。 2. 投标人没有正受到取消投标资格的行政处罚。 3. 投标人没有涉及正在诉讼的案件,或涉及正在诉讼的案件但经评标委员会认定不会对承担本工程造成重大影响。 4. 其他。	

附件6　评标办法

________项目________工程施工监理招标评标办法[1]

1. 总则

1.1　为规范本工程施工监理评标工作，根据《中华人民共和国招标投标法》、《评标委员会和评标方法暂行规定》(国家发改委等七部委2001年第12号令)、《公路工程施工监理招标投标管理办法》(交通部2006年第5号令)及《建设工程监理与相关服务收费管理规定》(发改价格[2007]670号)等有关规定，并结合本工程招标文件，制订本评标办法。

1.2　评标活动遵循公平、公正、科学、择优的原则。

1.3　评标活动应在严格保密的情况下进行。评标人员必须严格遵守保密规定，不得和投标人串通，不得泄露与评标活动有关的情况，不得索贿受贿，不得参加可能影响公正评标的任何活动。评标期间投标人不得干扰评标工作，不得采用行贿或其他不正当手段影响评标。

1.4　本工程评标采用__________。

2. 评标组织及职责

2.1　评标委员会组成

招标人依法组建评标委员会。评标委员会由招标人代表和从交通运输部设立的监理专家库或省级交通运输主管部门设立的监理专家库中随机抽取的评标专家共同组成，人数为______人以上单数，其中评标专家人数不得少于总数的三分之二。评标委员会开始工作之前应由评标委员会推举产生一名主任评标委员，负责协调、组织评标委员会成员开展评标工作。

2.2　评标委员会职责

(1)对投标文件进行初步评审、资格审查(**适用于未进行资格预审**)；

(2)确定评审需澄清、核实的内容；

(3)进行商务、技术的详细评审；**(适用于固定标价评分法)**

---

[1]招标人应从下列方法中选择本工程采用的评标方法：

a. 固定标价评分法，是指由招标人按照价格管理规定确定监理招标合同段的公开标价，对投标人的商务文件和技术建议书进行评分，并按照得分由高至低排序，确定得分最高者为中标候选人的方法。除规模较大或技术复杂的工程，推荐使用固定标价评分法。

b. 综合评标法，是指对投标人的商务文件和技术建议书、财务建议书进行评分、排序，确定得分最高者为中标候选人的方法。其中财务建议书的评分权值应当不超过10%。

c. 技术评分合理标价法，是指对投标人的商务文件和技术建议书进行评分，并按照得分由高至低排序，确定得分前两名中的投标价较低者为中标候选人的方法。

(3)进行商务、技术和财务的详细评审;**(适用于综合评标法、技术评分合理标价法)**

(4)综合评分并推荐中标候选人;

(5)建议是否重新招标;

(6)完成书面评标报告提交招标人。

3. 评审程序

3.1 评标准备

评标委员会开始评标工作之前,必须首先认真研读招标文件;招标人应当向评标委员会提供招标文件、评标办法和评标所需的其他重要信息与数据,协助评标委员会了解和熟悉招标工程的如下内容:

(1)招标项目的工程规模、标准和工程特点;

(2)招标文件规定的评标办法;

(3)招标文件规定的其他与评标有关的内容。

3.2 评审程序

(1)初步评审[1];

(2)资格审查;**(适用于未进行资格预审)**

(3)详细评审;

(4)投标文件的澄清;

(5)综合评分;

(6)财务评审;**(适用于综合评标法、技术评分合理标价法)**

(7)推荐中标候选人;

(8)编写评标报告。

4. 初步评审

评标委员会将对投标文件进行初步评审。只有通过初步评审的投标文件才能进入下一阶段评审。通过初步评审的主要条件:

(1)投标文件按照招标文件规定的格式、内容和要求编制,字迹清晰可辨;

(2)投标文件(正本)按招标文件规定加盖投标人公章并由法定代表人或其授权代理人逐页签署姓名,未使用签名章代替;

(3)与申请资格预审时比较,投标人资格未发生实质性变化;**(适用于已进行资格预审)**

(4)投标人按照招标文件规定的形式、时限和要求提供了投标保证金;

(5)以联合体形式投标的,符合投标人须知第2.2款的规定;

---

[1]采用技术建议书无标识方式招标的,应先对技术建议书进行评审,然后再进行商务文件的初步评审。

(6)按照招标文件规定提供了法定代表人身份证明、授权书(如有)、公证书;

(7)按照给定的监理服务费填报投标报价,在招标文件没有规定的情况下,未提交选择性报价;**(适用于固定标价评分法)**

(8)技术建议书副本中未出现投标人的名称和其他可识别投标人身份的文字、符号、标识等;**(适用于采用技术建议书无标识方式招标)**

(9)技术建议书正本、副本实质性内容一致;**(适用于采用技术建议书无标识方式招标)**

(10)监理服务期、工程质量目标满足招标文件要求;

(11)投标人未以他人名义投标、未与他人串通投标、未以行贿手段谋取中标,以及未弄虚作假;

(12)投标文件未附有招标人不能接受的其他条件。

投标文件不符合以上条件之一的,属于重大偏差,作为废标处理。

5. 资格审查(适用于未进行资格预审)

评标委员会根据招标文件资格审查要求[1],对投标人的资质、业绩、人员、试验、检测设备、财务能力、履约情况等进行评审,判定其是否满足资格审查要求。

投标文件任一项条件不满足招标文件资格审查要求的,作废标处理。

6. 详细评审

评标委员会对通过初步评审、资格审查的投标文件从合同条款、监理能力、管理水平及投标人以往监理业绩及履约信誉等方面进行详细评审,并对商务文件、技术建议书分别评审打分[2],满分100分;技术、商务分值分别为40分、60分[3]。**(适用于固定标价评分法、技术评分合理标价法)**

评标委员会对通过初步评审、资格审查的投标文件从合同条款、监理能力、管理水平以及投标人以往监理业绩及履约信誉等方面进行详细评审,并对商务文件、技术建议书、财务建议书分别评审打分[2],满分100分;技术、商务、财务分值分别为40分、50分、10分[3]。**(适用于综合评标法)**

6.1 合同条款响应性评审

投标人通过合同条款响应性评审的主要条件:

---

[1]招标人应按照《公路工程施工监理招标投标管理办法》(交通部2006年第5号令)规定编制本工程的资格审查办法。

[2]招标人可设定当评标委员会人数大于7时,所有投标文件的技术评审、商务评审中的评分将去掉一个最高值和一个最低值,取算术平均值。

[3]招标人应根据招标范围、工程规模、技术标准、重点、难点等情况确定技术评审、商务评审的评分权值和评审内容。招标人应编制技术、商务、财务评审的评审细则,并在招标文件中明确。

(1)投标人应接受招标文件规定的风险划分原则,未提出新的风险划分办法;

(2)投标人未增加招标人的责任范围,或减少投标人义务;

(3)投标人未提出不同的计量、支付办法;

(4)投标人未对合同纠纷、事故处理办法提出异议;

(5)投标人对合同条款没有重大偏离;

(6)满足招标文件规定的其他实质性要求。

投标文件不符合以上条件之一的,属于重大偏差,作为废标处理。

6.2 技术评审

技术评审工作开始前,招标人将指定专人负责编制技术建议书暗标编码,并就暗标编码与投标人的对应关系做好暗标标码记录。暗标编码按随机方式编制。在评标委员会全体成员均完成暗标部分评审后,招标人方可向评标委员会公布暗标编码记录。**(适用于采用技术建议书无标识方式招标)**

技术评审主要内容和分值范围如下:

(1)监理大纲(或监理方案)和措施 20~30分;

(2)对本工程重点、难点分析 5~10分;

(3)对本工程的建议 5~10分。

6.3 商务评审(适用于固定标价评分法、技术评分合理标价法)

主要内容和分值范围如下:

(1)监理人员[1]及机构设置 30~40分;

(2)监理设施和设备 5~10分;

(3)监理业绩与信誉 15~20分。

6.3 商务评审(适用于综合评标法)

主要内容和分值范围如下:

(1)监理人员[1]及机构设置 30~40分;

(2)监理设施和设备 5~8分;

(3)监理业绩与信誉 5~12分。

6.4 财务评审(适用于综合评标法)

在评标委员会完成对投标人的商务文件和技术建议书的评审后,在交通运输主管部门的监督下,由评标委员会拆封投标人的财务建议书信封,只有通过前述初步评审、资格审查、详细评审的投标人才能进入财务评审。

6.4.1 投标人通过财务建议书初步评审的主要条件:

---

[1]招标人可根据工程内容和特点增加对主要监理人员的现场答辩,并设置一定分值。

(1)财务建议书按招标文件规定签字、盖章齐全,填报了投标价;

(2)招标人给定投标控制价上、下限的,投标人所报的监理服务费在招标人给定的投标控制价上、下限以内;

(3)招标人设定标底的,投标人所报的监理服务费在招标人标底上浮范围[1]以内。

投标文件不符合以上条件之一的,属于重大偏差,作为废标处理。

6.4.2 算术性修正

评标委员会对通过初步评审的投标人的报价按下列原则进行算术性修正:

(1)投标文件中的大写金额与小写金额不一致的,以大写金额为准;

(2)当监理服务费计费额、监理服务费基价、监理服务费基准价计算错误时,按正确的数额或系数修正,当监理服务费计算错误时,按填报的浮动幅度值修正;

(3)总价金额与依据单价计算出的结果不一致的,以单价金额为准修正总价,但单价金额小数点有明显错误的除外。

修正的价格经投标人书面确认后具有约束力。投标人修正后总价超出招标人给定的投标控制价上、下限或不接受修正价格的,其投标作废标处理。

6.4.3 计算评标基准价

通过财务评审的报价为有效报价。评标基准价等于所有有效报价的算术平均值[2]。

6.4.4 计算财务得分

当投标人报价等于评标基准价时得满分,每高于评标基准价一个百分点扣1.5分,每低于评标基准价一个百分点扣1分,中间值按比例内插,四舍五入,保留两位小数。

用公式表示如下:

$$F_1 = F - \frac{|D_1 - D|}{D} \times 100 \times E$$

式中:F_1——投标人财务得分;

F——财务得分所占的百分比权重,$F = 10$;

D_1——投标人的投标报价;

D——评标基准价。

若 $D_1 \geqslant D$,则 $E = 1.5$;若 $D_1 < D$,则 $E = 1$。财务得分最低为0分。

7. 投标文件的澄清

(1)除按本办法规定的重大偏差外,投标文件存在的其他问题应视为细微偏差。为了有助于投标文件的审查、评价和比较,招标人可书面通知投标人澄清或说明其投标文件中不明确的内容,或要求补充相应资料或对细微偏差进行补正。对此投标人不得拒绝,否则,作废标处

[1]招标人可将标底上浮一定比例作为投标控制价上限。

[2]招标人可设定当有效报价大于等于6家时,评标基准价为所有有效报价去掉一个最高和一个最低报价后的算术平均值。

理，并没收投标保证金；

(2)有关澄清、说明和补正的要求和回答均以书面形式进行，但招标人和投标人均不得因此而提出改变招标文件或投标文件实质内容的要求。投标人的书面澄清、说明或补正属于投标文件的组成部分；

(3)招标人不接受投标人对投标文件的主动澄清、说明和补正。

8. 综合得分(适用于固定标价评分法、技术评分合理标价法)

各投标人的综合得分等于技术评分、商务评分之和。

8. 综合得分(适用于综合评标法)

各投标人的综合得分等于技术评分、商务评分与财务评分之和。

9. 财务评审(适用于技术评分合理标价法)

在评标委员会完成对投标人的商务文件和技术建议书的评审后，在交通运输主管部门的监督下，由评标委员会拆封投标人的财务建议书信封，只有通过前述初步评审、资格审查、详细评审的投标人才能进入财务评审。

9.1 投标人通过财务建议书评审的主要条件

(1)财务建议书按招标文件规定签字、盖章齐全，填报了投标价；

(2)招标人给定投标控制价上、下限的，投标人所报的监理服务费在招标人给定的投标控制价上、下限以内；

(3)招标人设定标底的，投标人所报的监理服务费在招标人标底上浮范围[1]以内。

投标文件不符合以上条件之一的，属于重大偏差，作为废标处理。

9.2 算术性修正

评标委员会对通过初步评审的投标人的报价按下列原则进行算术性修正：

(1)投标文件中的大写金额与小写金额不一致的，以大写金额为准；

(2)当监理服务费计费额、监理服务费基价、监理服务费基准价计算错误时，按正确的数额或系数修正，当监理服务费计算错误时，按填报的浮动幅度值修正；

(3)总价金额与依据单价计算出的结果不一致的，以单价金额为准修正总价，但单价金额小数点有明显错误的除外。

修正的价格经投标人书面确认后具有约束力。投标人修正后总价超出招标人给定的投标控制价上、下限或不接受修正价格的，其投标作废标处理。

---

[1]招标人可将标底上浮一定比例作为投标控制价上限。

10. 推荐中标候选人

根据综合得分由高至低排序，每个监理合同段推荐得分最高者为中标候选人。**（适用于固定标价评分法、综合评标法）**

根据综合得分由高至低排序，每个监理合同段推荐得分前两名中通过财务评审的投标价较低者为中标候选人[1]。**（适用于技术评分合理标价法）**

11. 评标报告

评标委员会审定评标结果后，向招标人提交书面报告。评标报告应如实记载下列内容：

11.1 评标委员会的成员名单

11.2 开标记录情况

11.3 符合要求的投标人情况

11.4 评标采用的标准、评标办法

11.5 投标人排序

11.6 推荐的中标候选人

11.7 需要说明的其他事项

11.8 附件

附件1 施工监理招标评标办法

附件2 评标委员会成员名单

附件3 开标记录表

附件4 初步评审表

附件5 资格审查表**（适用于未进行资格预审）**

附件6 合同条款响应性评审表

附件7 技术评审、商务评审评分表

附件8 技术、商务评分汇总表

附件9 财务评审表**（适用于技术评分合理标价法）**

附件10 财务初步评审表**（适用于综合评标法）**

附件11 财务评审评分表**（适用于综合评标法）**

附件12 投标人技术、商务综合评分排序表**（适用于固定标价评分法、技术评分合理标价法）**

附件13 综合评分汇总表**（适用于综合评标法）**

附件14 投标人评分排序表**（适用于综合评标法）**

附件15 推荐的中标候选人

---

[1] 采用技术评分合理标价法评标时，招标人应在招标文件中规定：如果综合得分前两名中投标价较低者未通过财务评审或综合得分前两名均未通过财务评审，确定中标候选人的方法。

附件 7　附表

附表 7-1　开标记录表

________项目________工程施工监理开标记录表[1]

合同段:________　　　　　　　　开标时间:____年____月____日____时____分

序号	投标人	密封情况[2]	投标保证金[3]	投标报价(元)(如果有)	总监理工程师姓名、证书编号[4]	其他情况	签　名
招标人编制的标底(如果有)			____________元				

招标人代表:__________　记录人:__________　监督人:__________

________年________月________日

注:[1]本表按开标顺序填写;

[2]“密封情况”一栏应填写“符合”或“不符合”;

[3]“投标保证金”一栏应填写“递交”或“未递交”;

[4]对驻地监理工程师办公室单独招标时,应填写驻地监理工程师姓名和证书编号。

附表 7-2　问题澄清通知

问题澄清通知

编号：

__（投标人名称）__：

____________项目____________工程施工监理招标的评标委员会，对你方的投标文件进行了仔细的审查，现需你方对下列问题以书面形式予以澄清：

1.

2.

……

请将上述问题的澄清于________年____月____日____时前递交至__（详细地址）__或传真至__（传真号码）__。采用传真方式的，应在________年____月____日____时前将原件递交至__（详细地址）__。

主任评标委员：____（签字）____

________年______月______日

附表 7-3　问题的澄清

问题的澄清

编号:

____________项目____________工程施工监理招标评标委员会:

问题澄清通知(编号:________)已收悉,现澄清如下:

1.

2.

……

投标人:__________(全称)(盖章)__________

法定代表人或其委托代理人:____(签字)____

________年______月______日

附表 7-4　中标结果通知书

中标结果通知书

____（未中标人名称）____：

我方已接受____（中标人名称）____于____（投标日期）____所递交的____________项目__________工程第____监理合同段施工监理投标文件，确定____（中标人名称）____为中标人。

感谢你单位对我们工作的大力支持！

招标人：____（全称）（盖章）____

法定代表人：____（签字）____

________年______月______日

附表 7-5　确认通知

确 认 通 知

____（招标人名称）____：

我方已接到你方________年______月______日发出的____________项目________工程施工监理招标关于____________的通知，我方已于________年______月______日收到。

特此确认。

投标人：______（全称）（盖章）______

________年______月______日

第三篇　合同通用条款

招标人在编制招标文件时，对本合同通用条款文字不应进行任何改动，如果有不同要求应按照合同专用条款的编写原则在专用条款中进行修改、删除或补充。

1. 定义与解释

1.1 定义

本文用词定义如下,但根据上下文另有其意义的除外。

1.1.1 **工程** 为完成项目所实施的一项或若干项永久或临时工程(包括向发包人提供的物资和设备),具体情况在专用条款中指明。

1.1.2 **服务** 监理人根据监理合同所承担的工作,包括正常的服务、附加的服务、额外的服务,亦称监理服务。

1.1.3 **发包人** 委托监理人提供监理服务的法人或其合法继承人或其合法受让人。

1.1.4 **监理人** 受发包人委托提供监理服务并具有监理资质的法人或其合法继承人或其合法受让人。

1.1.5 **监理机构** 由监理人派出并代表监理人履行监理合同的现场监理组织。

1.1.6 **一方** 发包人或监理人。

双方 发包人和监理人。

第三方 一般是指与发包人签订工程承包合同的单位或个人。但根据上下文的内容,也可以是与工程建设有关的其他当事人。

1.1.7 **监理合同** 一般应包括:监理合同协议书及附件、中标通知书、投标文件、合同专用条款、合同通用条款、工程专用规范、《公路工程施工监理规范》(JTG G10—2006)、技术规范、双方签认的澄清文件。

1.1.8 **书面形式** 指合同书、信件和数据电文(包括电报、电传、传真、电子数据交换和电子邮件)等可以有形地表现所载内容的形式。

1.1.9 **日** 即日历日。

1.1.10 **月** 根据公历从某一个月份中的任何一日的第二日开始至下一个月份相应日期截止的时间段。

1.1.11 **正常监理服务** 指在合同约定的期限内的工程范围和工作范围内的监理工作。

1.1.12 **附加监理服务** 指除正常监理服务范围以外的监理工作。

1.1.13 **额外服务** 指合同约定的正常监理服务和附加监理服务范围以外的工作。

1.2 解释

1.2.1 监理合同中条款的标题只是为了方便查阅,不应作为监理合同本身的内容予以理解,也不应将其用于对监理合同进行解释。

1.2.2 为了简练文字,监理合同中有些词句或用语可能会有多种含义,阅读时应视上下文的实际需要而定义。

1.2.3 组成监理合同的各个文件应该认为是一个整体,彼此相互解释,相互补充,如出

现相互矛盾的情况,以下述文件次序在先者为准:

1.2.3.1　监理合同协议书及附件。

1.2.3.2　中标通知书。

1.2.3.3　投标文件。

1.2.3.4　合同专用条款。

1.2.3.5　合同通用条款。

1.2.3.6　工程专用规范。

1.2.3.7　监理规范。

1.2.3.8　技术规范。

1.2.3.9　在本合同专用条款中约定的构成本合同组成部分的其他文件。

对于同一类合同文件,以其最新版本或最新颁发者为准。

2. 监理人的义务

2.1　监理服务的形式、范围、目标与内容

2.1.1　服务形式

监理人应根据工程规模、难易程度、合同工期安排、现场条件等因素设置现场监理的组织机构并满足合同要求。发包人对监理人的机构设置要求在专用条款中约定。

2.1.2　服务范围

2.1.2.1　监理服务的工程范围:在专用条款中约定。

2.1.2.2　监理服务的工作范围:监理人应当按照合同要求和发包人的授权范围进行下述监理服务。

(1)正常监理服务的范围:除非专用条款另有约定,正常监理服务的范围是指在合同约定的工程范围内及约定的正常监理服务期限内,对工程进行质量监理、施工安全监理、施工环境保护监理、进度监理、费用监理、合同其他事项和文件资料管理等。

(2)附加监理服务的范围:包括但不限于:①由于非监理(含发包人或第三方责任)原因导致合同约定的监理服务期限延长,所延长的服务时间应视为附加监理服务;②发包人书面提出正常监理服务范围以外的监理服务要求,监理人完成此项服务应视为附加监理服务;③发包人书面提出监理合同约定的工作范围以外的监理工作,监理人完成此项工作应视为附加监理服务;④发包人书面提出高于监理合同约定的服务目标,监理人为完成此目标而增加的投入应视为附加监理服务。

(3)额外服务的范围:指正常监理服务和附加监理服务范围以外的工作,例如:①监理合同生效后,因非监理人原因导致监理人不能提供全部或部分服务时,其善后工作以及恢复服务的准备工作,应作为额外服务;②如果发包人以书面形式提出要求,监理人应提交变更服务

的建议方案,该建议方案的编写和提交应视为额外服务;③非监理人原因导致全部监理服务已无法继续履行时,监理人在书面通知发包人28日之后,有权单方面解除本监理合同,因此而增加的监理服务工作量应作为监理人的额外服务;④发包人将部分或全部外部协调工作委托监理人承担,因此而增加的工作应视为额外服务;⑤根据工程需要由监理人组织的相关咨询论证会以及聘请相关专家等工作,应视为额外服务。

2.1.3　服务目标

2.1.3.1　监理服务履约目标:除专用条款另有约定外,监理人提供的监理服务,应当符合国家有关法律、法规和标准规范,满足合同约定的服务内容和质量等要求。

2.1.3.2　对第三方履约管理的服务目标:在专用条款中约定。

2.1.4　服务内容

监理人应按照《公路工程施工监理规范》(JTG G10—2006)及相关法律、法规开展监理服务。发包人须依据《公路工程施工监理规范》(JTG G10—2006)要求对监理机构的设置方式进行选择,并在专用条款中予以约定。各阶段监理服务内容包括但不限于以下内容,发包人可根据工程实际情况在专用条款中对其进行调整。

2.1.4.1　在工程设置二级监理机构,即总监理工程师办公室(简称总监办)和驻地监理工程师办公室(简称驻地办)时,总监理工程师办公室的监理服务内容为:

(1)总监办中心试验室按监理合同要求配备常规的试验检测设备,并须达到专用条款中约定的检查项目及频率要求;

(2)熟悉合同文件,调查施工环境条件;

(3)在合同约定的期限内主持编制监理计划;

(4)审批各驻地办主持编制的监理细则;

(5)参加设计交底;

(6)在合同约定的期限内审批承包人提交的施工组织设计(含安全技术措施、应急救援抢险方案、专项施工方案及施工环境保护措施);

(7)审批承包人提交的总体进度计划,核批承包人对总体进度计划的调整计划;

(8)签发开工预付款支付证书;

(9)审批承包人提交的分项、分部、单位工程划分;

(10)检查承包人的质量、安全和环保等保证体系,审核工地试验室,抽查控制桩点复测、测定地面线和工程划分及驻地办工作;

(11)主持召开监理交底会;

(12)主持召开第一次工地会议;

(13)签发合同工程开工令;

(14)审批重要工程材料及混合料配合比;

(15)审核工程中期支付申请,签发中期支付证书;

(16)签发单位工程或合同工程的暂停令和复工令；

(17)受理合同其他事项的有关事宜，按合同约定审核、评估和处理工程变更、工程延期、费用索赔、价格调整、保险、违约、争端等合同事项；

(18)组织编写监理月报；

(19)根据工程需要主持召开专题工地会议；

(20)对发生的质量缺陷、质量隐患和质量事故进行调查、处理或督促承包人按规定报告有关部门；

(21)协助发包人审查交工验收申请，评定工程质量；

(22)参加发包人组织的合同工程交工验收；

(23)编写监理工作报告，并提交发包人；

(24)签认交工结账证书；

(25)组织编制工程监理竣工文件，并督促承包人按合同约定编制和整理竣工资料；

(26)在合同工程的缺陷责任期内，检查承包人剩余工程的实施；巡视检查已完工程，指示承包人修复发生的工程缺陷，调查、确认缺陷责任及修复费用；

(27)缺陷责任期结束，经检查符合条件时，签发合同工程缺陷责任终止证书；

(28)签认最后支付证书；

(29)参加工程竣工验收。

2.1.4.2　在工程设置二级监理机构，即总监办和驻地办时，驻地监理工程师办公室的监理服务内容为：

(1)按合同要求建立驻地试验室，配备现场抽查常用的试验检测设备，并在专用条款中明确检查项目和频率的要求；

(2)熟悉合同文件，调查施工环境条件；

(3)在总监办的安排下，参与编制监理计划，提供本驻地办相关资料；

(4)根据监理计划在相应工程开工前主持编制监理细则；

(5)参加设计交底；

(6)按规定程序初审本驻地监理合同段承包人提交的施工组织设计(含安全技术措施、应急救援抢险方案、专项施工方案及施工环境保护措施)；

(7)初审本驻地监理合同段承包人提交的总体进度计划以及施工中进行的调整计划；

(8)对承包人提交的原始基准点、基准线和基准高程的复测结果进行平行复测，审核后予以批复；

(9)验收承包人测定的地面线；

(10)确认承包人提交的场地占用计划；

(11)核算承包人对工程量清单的复核结果；

(12)按合同约定对工程分包计划和协议进行审查，审查分包合同中是否明确了承包人与分包人各自在安全生产方面的责任；

(13)审批施工测量放线；

(14)审批一般工程原材料和混合料配合比；

(15)审查施工组织及人员配备；

(16)审查承包人进场的施工机械设备；

(17)审查承包人提交的分项、分部工程的施工方案及主要工艺；

(18)审批承包人月进度计划,检查和监督进度计划的实施；

(19)审批分项(部)工程的开工申请,签发分项、分部工程暂停令和复工令；

(20)验收构配件或设备；

(21)按有关规定和要求对工程进行巡视、旁站和抽检,并做好记录；

(22)对关键工序进行签认；

(23)对发生的质量缺陷、质量隐患和质量事故进行调查、处理或对不属于监理人权限处理的质量事故督促承包人按规定报告有关部门；

(24)对交工的单位、分部、分项工程进行检验和质量等级评定并签发《中间交工证书》；

(25)对已完工程按合同约定的方法进行计量；

(26)按有关规定及时对已完分部工程、单位工程及合同工程进行质量评定；

(27)编写本驻地监理合同段的监理月报；

(28)主持召开工地会议和根据工程需要主持召开专题工地会议；

(29)编制合同段监理竣工文件；

(30)编写本驻地监理合同段的监理工作报告；

(31)参加本驻地监理合同段合同工程的交工验收；

(32)初审交工结账证书。

2.1.4.3 在工程只设置总监办一级监理机构时,其监理服务内容为:

(1)按监理合同要求建立总监办中心试验室；

(2)熟悉合同文件,调查施工环境条件；

(3)在合同约定的期限内编制监理计划,根据监理计划在相应工程开工前编制监理细则；

(4)在合同约定的期限内审批承包人提交的施工组织设计(含安全技术措施、应急救援抢险方案、专项施工方案及施工环境保护措施)；

(5)参加设计交底；

(6)审批承包人提交的总体进度计划,核批承包人对总体进度计划的调整计划；

(7)检查承包人工程质量、施工安全和施工环境保护等保证体系；

(8)审核承包人的工地试验室；

(9)对承包人提交的原始基准点、基准线和基准高程的复测结果进行平行复测,审核后予以批复；

(10)验收承包人测定的地面线;

(11)审批承包人提交的分项、分部、单位工程划分;

(12)确认承包人提交的场地占用计划;

(13)核算承包人对工程量清单的复核结果;

(14)签发开工预付款支付证书;

(15)主持召开监理交底会;

(16)主持召开第一次工地会议;

(17)签发合同工程开工令;

(18)按合同约定对工程分包计划和协议进行审查,并审查分包合同中是否明确了承包人与分包人各自在安全生产方面的责任;

(19)审批施工测量放线;

(20)审批工程原材料及混合料配合比;

(21)审查施工组织及人员配备;

(22)审查承包人进场的施工机械设备;

(23)审查承包人提交的分项、分部工程的施工方案及主要工艺;

(24)审批承包人月进度计划,检查和监督进度计划的实施;

(25)审批分项(分部)工程的开工申请;

(26)验收构配件或设备;

(27)按有关规定和要求对工程进行巡视、旁站和抽检,并做好记录;

(28)对关键工序进行签认;

(29)对发生的质量缺陷、质量隐患和质量事故进行调查、处理或对不属于监理人权限处理的质量事故督促承包人按规定报告有关部门;

(30)签发单位或合同工程及分部(分项)工程的暂停令和复工令;

(31)对交工的单位、分部、分项工程进行检验和质量等级评定并签发《中间交工证书》;

(32)对已完工程按合同约定的方法进行计量;

(33)审核工程中期支付申请,签发中期支付证书;

(34)按有关规定及时对已完分部工程、单位工程及合同工程进行质量评定;

(35)受理合同其他事项的有关事宜,按合同约定审核、评估和处理工程变更、延期、费用索赔、价格调整、保险、违约、争端等合同事项;

(36)组织编写监理月报;

(37)主持召开工地例会或根据工程需要主持召开专题工地会议;

(38)协助发包人审查交工验收申请,评定工程质量;

(39)参加发包人组织的合同工程交工验收;

(40)编写监理工作报告,并提交发包人;

(41)签认交工结账证书;

(42)组织编制工程监理竣工文件,并督促承包人按合同约定编制和整理竣工资料;

(43)在合同工程的缺陷责任期内,检查承包人剩余工程的实施;巡视检查已完工程,指示承包人修复发生的工程缺陷,调查、确认缺陷责任及修复费用;

(44)缺陷责任期结束,经检查符合条件时,签发合同工程缺陷责任终止证书;

(45)签认最后支付证书;

(46)参加工程竣工验收。

2.1.5　发包人对监理人的授权

监理人根据监理合同进行监理服务时,在发包人授权权限范围内开展工作。授权权限在专用条款中约定。

2.2　监理服务的依据

2.2.1　适用的法律、法规、规章。

2.2.2　国家和行业有关标准、规范、规程。

2.2.3　监理合同。

2.2.4　施工合同。

2.2.5　工程前期有关文件。

2.2.6　工程设计文件和图纸。

2.2.7　工程实施过程中有关的函件。

2.3　监理职责

2.3.1　监理人应本着"严格监理、优质服务、公正科学、廉洁自律"的原则,按照监理合同及相关法律、法规的要求,严格、严密、科学、公正地进行监理服务。

2.3.2　如果监理人在监理服务过程中行使的权力或所需的授权,来自于发包人和第三方签订的工程合同文件,该合同文件必须成为本监理合同的组成部分,两者之间如出现矛盾,则应编制补充说明文件一并列入监理合同。此时监理人应:

(1)根据监理合同文件和工程合同文件进行监理服务;

(2)根据职责范围,在发包人和第三方之间独立公正地行使上述合同文件赋予的权力;

(3)根据上述合同文件的授权,可对相应的工程和合同事宜进行变更,但未经发包人的书面批准,不得变更工程合同文件中约定的工程标准和第三方的责任与义务。

2.4　监理人员

2.4.1　监理人派驻到工程所在地进行监理服务的监理人员,应能够胜任监理合同约定的监理服务工作,监理人配备的重要监理岗位人员职称、专业、年龄、资格、资历、业绩、数量等须满足招标文件的要求和《公路工程施工监理规范》(JTG G10—2006)的规定,除非专用条款另有约定。

2.4.2　为了进行监理服务，监理人应在投标文件中授权总监理工程师代表监理人全面履行监理合同；与发包人的授权代表建立工作联系。更换或变更其授权时，必须提前7日通知发包人，并得到发包人的同意。

2.4.3　监理人因工作安排或其他原因，需要更换派驻到工程所在地的重要岗位监理人员时，应事先得到发包人的同意。

2.4.4　即使是发包人要求或同意更换的监理人员，其代替人员的资质不得低于被代替人员且应得到发包人的认可。

2.4.5　发包人有权以书面形式要求监理人更换不能按照监理合同的约定进行监理服务的派驻人员。

2.4.6　监理人派驻到工程所在地进行监理服务的总监理工程师及重要岗位监理人员，必须常驻现场。

2.5　保密

在监理合同有效期间及以后3年内，未经发包人的书面同意，监理人不得泄露发包人与本项目、本工程、本监理合同有关的保密资料。但专用条款另有约定的除外。

3. 发包人的义务

3.1　监理工作条件

发包人应按照监理合同约定向监理人提供履行监理服务所必需的工作条件。

3.2　文件和资料

发包人在监理合同生效后，且在取得相关文件、资料7日内，向监理人免费提供下述文件、资料：

3.2.1　发包人与承包人签订的施工合同1份。

3.2.2　发包人与承包人共同确认的已标价的工程数量清单及其说明1份。

3.2.3　合同图纸和相关的标准图纸及说明1套。

3.2.4　合同指定使用的技术规范、检验评定标准、操作规程1套。

3.2.5　其他。

3.3　协助

发包人在工程所在地对监理人提供进驻现场的相关条件，解决非监理人原因而发生意外事件时，监理工作人员的撤场和相关事宜；并避免监理人根据监理合同进行监理服务而导致的第三方的收费（不含税金）。

3.4　决定

发包人根据监理人有关针对本工程的工期、质量、投资、合约和安全等问题的请示及时予以决定。对上述请示给予书面答复的期限,自收到书面请示之日起最长不超过 7 日,重大问题不得超过 28 日。逾期未予书面答复应视为发包人同意。

3.5 代表

发包人应指定一名授权代表,与监理人的授权代表建立工作联系。更换该代表或变更其授权时,必须提前 7 日通知监理人。

3.6 授权通知

发包人必须将履行监理服务的监理人及发包人授予监理人的权力,及时用书面形式通知第三方。

3.7 支付费用

发包人须按合同约定向监理人支付监理服务费用。

3.8 发包人指令的下达

发包人在本合同约定的服务范围内对承包人的任何意见或要求,应通过监理人向承包人提出。

3.9 支付担保

发包人要求监理人提供履约保证金或其他形式履约担保的,应同时向监理人提供支付担保。

4. 责任和保障

4.1 监理人的违约及赔偿责任

4.1.1 监理人的违约

4.1.1.1 监理人违反监理合同的约定,将监理服务的任何部分转让或分包。

4.1.1.2 监理人未能按照投标文件的承诺配备满足监理服务需求的人员或设备。

4.1.1.3 监理人不履行监理职责,造成工程质量、安全事故或向承包人索贿、谋取私利,或与承包人串通损害发包人利益,给发包人造成损失。

4.1.1.4 监理人未按《公路工程施工监理规范》(JTG G10—2006)的规定对主要工程或关键工序进行旁站、巡视或抽检。

4.1.1.5 违反合同专用条款约定的其他情形。

发包人应视其违约情节分别采取如下处理方法:

监理人违反上述约定应承担违约责任,发包人有权向监理人发出书面通知要求其限期改正。当发包人在向监理人发出书面通知的 14 日内未见纠正后,可以向监理人课以专用条款中约定的违约金,并可在 21 日内发出第二次通知终止合同。在发生第 4.1.1.1 目或 4.1.1.3 目情形时,发包人可直接发出书面通知立即终止合同。

4.1.2　监理人的赔偿责任

监理人违反监理合同的约定并造成发包人的经济损失，应向发包人赔偿，除非专用条款另有约定，赔偿金应按下式计算：

赔偿金 = 发包人直接经济损失所对应的监理费 × 监理人应承担责任的比例

监理人对由于第三方责任造成的任何经济损失，不承担责任。如果监理人与发包人或第三方对有关经济损失共负责任时，应按责任比例计算赔偿。监理人的上述责任赔偿，均应按照本合同条款第4.4款的约定办理。

4.1.3　监理人对发包人未授权的监理服务范围不承担监理责任。

4.2　发包人的违约和赔偿责任

4.2.1　发包人的违约

4.2.1.1　发包人在合同约定的期限内，未向监理人支付到期应付的款项。

4.2.1.2　发包人未按合同约定履行其他应尽义务。

发包人违反上述约定应承担违约责任，并按相关合同条款约定承担相应的费用。

4.2.2　发包人的赔偿责任

发包人违反监理合同的约定并造成监理人的经济损失，应向监理人赔偿，除非专用条款另有约定，发包人应据实赔偿监理人的直接经济损失。

4.3　赔偿责任的期限

发包人或监理人任何一方向另一方要求的赔偿，都应在赔偿事件发生后的28日之内以书面形式提出索赔。如果该事件具有持续性，则应在事件首次发生后7日之内提出索赔意向，并每隔7日提供一次该事件仍在持续发展的证明材料，直至该事件结束后28日之内提出正式的索赔文件。无论发包人还是监理人，逾期未提出书面索赔意向书，则失去索赔权利。

4.4　赔偿的限额

鉴于双方在本条款中，约定了任何一方向另一方依据本合同条款第4.1款和第4.2款支付赔偿的最高限额，除非专用条款另行约定，双方在此一致同意放弃超过该限额的剩余赔偿要求。但本合同条款其他条款约定的补偿和由于任何一方故意违约而引起的索赔，不受该限额的限制。

监理人的累计赔偿限额为监理服务费总额的30%，当达到此限额时，发包人有权单方面终止监理合同，没收监理人的履约担保。

发包人赔偿监理人的直接经济损失的累计限额为监理服务费总额。

4.5　保障

4.5.1　在监理人不违反有关法律、法规的前提下，发包人应保障监理人免受因履行本监理合同而引起的外界索赔或干扰。

4.5.2　监理人在签订监理合同协议书时，应按照发包人认可的形式向发包人递交履约保函或履约保证金。如果监理人无正当理由全部或部分不履行本监理合同时,发包人有权根据具体情况没收全部或部分履约担保。发包人应当同时向监理人提供监理服务费支付担保。

4.5.3 在签发合同工程交工证书后,监理人应按发包人要求的格式、以履约担保金额的50%为额度向发包人提交缺陷责任期保函。发包人在收到监理人提交的缺陷责任期保函后7日内向监理人返还履约担保。在签发工程缺陷责任终止证书后14日内,发包人向监理人返还缺陷责任期保函。

4.6 保险

监理人应在监理服务期内,自费办理派驻到工程所在地人员的人身和自备财产的有关保险,保险时间应随服务时间的延长而顺延,并在出险后自行办理索赔。如果监理人不办理上述保险,则应对有关风险及后果自负其责。

5. 监理合同的生效、终止、变更、暂停与解除

5.1 监理合同协议书的生效

监理合同协议书生效的时间,以双方签署的协议书上约定的时间为准。

5.2 监理服务的时间和期限

监理人必须按照监理合同约定的时间和有关期限履行和完成监理服务。如果非监理人的原因,致使监理服务时间需要延长,可由双方通过协商,另行签订补充协议。

5.3 监理合同的终止

监理合同终止和失效的时间,按双方签署的协议书上注明的方式确定。合同协议的终止并不影响双方应有的权利和应承担的责任。

5.4 监理合同的变更

5.4.1 任何一方提出申请并经双方书面同意后,可对本监理合同进行变更。

5.4.2 发包人可书面要求,改变本合同条款第2.1款和监理合同约定的监理服务的形式、范围与内容,但必须在双方协商一致的基础上,按照本监理合同的约定进行变更。上述变更导致增加或减少的监理服务工作量,其有关的监理费用和服务时间亦应做相应的调整。

5.4.3 因发包人或第三方的责任,阻碍或延误了监理人履行监理服务,监理人应及时将该情况与其可能产生的影响书面通知发包人,如有必要,在双方协商一致的基础上对监理合同进行相应的变更。上述情况导致增加的监理服务工作量或工作时间,其费用按合同条款约定进行调整,监理人完成相应服务的时间亦应予以延长。

5.4.4 在签订本监理合同后,因物价变动等因素而引起监理服务费用的变化,发包人应按合同条款约定进行调整,专用条款另有约定的除外。

5.4.5 在签订本监理合同后,因国家或地方政府的法律、法规变动而引起监理服务费用

的增加或服务时间的延长，发包人应按合同条款约定进行调整。

5.5 监理合同的暂停与解除

5.5.1 出现根据本监理合同的约定不应由监理人负责的情况，且该情况已使监理人不能继续履行全部或部分监理服务时，监理人应立即书面通知发包人。并且：

5.5.1.1 不得不暂停或减缓某些监理服务时，则上述服务的完成期限应予以延长，因此而增加的监理服务工作量或延长的服务时间，发包人应按合同条款约定进行调整。

5.5.1.2 全部监理服务已无法继续履行时，监理人在书面通知发包人 28 日之后，有权单方面解除本监理合同，因此增加的监理服务工作量所涉及费用，发包人应按合同条款约定进行调整，同时应及时向监理人返还全部或剩余部分的履约担保。

5.5.1.3 因不可抗力致使本监理合同不能履行或只能部分履行时，一方应立即书面通知另一方，暂停或解除监理合同。双方应对由此而产生的任何损失、损害或延误各负其责。不可抗力是指监理人和发包人在订立合同时不可预见，在工程实施过程中不可避免发生并不能克服的自然灾害和社会性突发事件，如地震、海啸、瘟疫、水灾、骚乱、暴动、战争和专用合同条款约定的其他情形。

5.5.2 发包人要求监理人全部或部分暂停监理服务或解除本监理合同时，必须在 56 日之前发出书面通知。监理人在接到通知后，应立即安排停止全部或该部分监理服务并将相关费用开支减至最小。因此增加的监理服务工作量所涉及的费用，发包人应按合同条款约定进行调整，同时及时向监理人返还全部或剩余部分的履约担保。

5.5.3 监理人无正当的理由，未根据监理合同的约定履行全部或部分监理服务，发包人可书面要求监理人予以解释。若监理人在 28 日内未能根据本监理合同给予合理的答复，发包人可在进一步发出书面通知 14 日后，单方面解除本监理合同，并视情况没收监理人的全部或部分履约担保。

5.5.4 发包人拖延支付监理服务费用，并已超过合同条款约定支付期限后 28 日，或根据本合同条款第 5.5.1.1 目或第 5.5.2 项的约定，暂停监理服务已超过 6 个月，监理人可书面要求发包人予以解释。若发包人在 28 日内未能根据本监理合同给予合理的答复，监理人可在进一步发出书面通知 14 日后，单方面解除本监理合同或自行暂停全部或部分监理服务。因此增加的监理服务工作量所涉及的费用，发包人应按合同条款约定进行调整，同时应及时向监理人返还全部或剩余部分的履约担保。

5.5.5 监理合同的解除，不得损害或影响双方根据本监理合同应有的义务、责任、权力和利益。

5.6 转让和分包

5.6.1 监理人不得转让工程监理业务。

5.6.2 监理人不得将监理服务的任何部分分包。监理人因监理服务的需要，聘用专业技术人员和辅助工作人员不属于分包。

6. 监理服务的费用与支付

6.1 监理服务费用内容

监理人服务费用应包括如下内容：

6.1.1 派驻监理人员费用

6.1.1.1 基本工资。

6.1.1.2 工资性津贴。

6.1.1.3 职工福利费。

6.1.1.4 劳动保护费。

6.1.1.5 其他。

6.1.2 现场费用

6.1.2.1 临时设施费。

6.1.2.2 办公费。

6.1.2.3 会议费。

6.1.2.4 差旅交通费。

6.1.2.5 固定资产使用费(包括办公及生活房屋折旧、维修或租赁费，车辆折旧、维修、使用或租赁费)。

6.1.2.6 通信设备购置、使用费。

6.1.2.7 测量、试验、检测设备仪器折旧、维修或租赁费，其他设备折旧、维修或租赁费等。

6.1.2.8 零星固定资产购置费。

6.1.2.9 其他。

6.1.3 企业管理费

6.1.3.1 工会经费。

6.1.3.2 职工教育经费。

6.1.3.3 业务招待费。

6.1.3.4 财务费用。

6.1.3.5 社会保险费用(基本养老、基本医疗、失业、工伤保险)。

6.1.3.6 住房公积金。

6.1.3.7 其他。

6.1.4 利润和税金

6.2 监理服务费计费方法

监理服务费用由正常监理服务、附加监理服务和额外服务三个方面的监理费用组成。

6.2.1 正常监理服务的费用

正常监理服务费用为施工准备阶段、施工阶段、交工验收与缺陷责任期阶段的监理服务全部费用。正常监理服务费用中施工阶段监理服务费应依照监理工程的建筑安装工程费，按照《建设工程监理与相关服务收费管理规定》（发改价格[2007]670 号）计算；除专用条款另有约定外，交工验收与缺陷责任期阶段监理服务费应依照《建设工程监理与相关服务人员人工日费用标准》（发改价格[2007]670 号）规定的收费标准计算，服务时间应按实际发生的工日数计算。

6.2.2 附加监理服务的费用

附加监理服务费用应按下列方法之一计算，具体方法的选用在专用条款中约定：

6.2.2.1 附加工程工作量×中标时施工阶段监理服务费与计费额比值的折算系数。

6.2.2.2 附加服务工作日数×中标时施工阶段监理服务人月平均费用与法规规定每月工作日数的比值。

6.2.2.3 提供的服务目标变化：服务目标变化部分所对应的监理服务费×大于 1 的调整系数。

6.2.3 额外服务的费用

额外服务费用应按下列方法之一计算，具体方法的选用在专用条款中约定。

6.2.3.1 额外工作工作量×中标时施工阶段监理服务费与计费额比值的折算系数。

6.2.3.2 额外服务工作日数×中标时施工阶段监理服务人月平均费用与法规规定每月工作日数的比值。

6.2.4 监理服务费的调整

因增加附加监理服务、额外服务或工程概算变化时，监理服务费应进行调整。附加监理服务费用应按第 6.2.2 项约定进行调整，额外服务费用应按第 6.2.3 项约定予以调整。工程概算变化时，施工阶段监理服务费用应依据《建设工程监理与相关服务收费管理规定》（发改价格[2007]670 号），以变更后投资额所对应的基价，按中标时监理人所报专业调整系数、工程复杂程度调整系数、高程调整系数及浮动幅度值进行计算调整。

6.2.5 加班费指法定节、假日加班和法定工作时间以外的延时工作的费用，应按《中华人民共和国劳动合同法》的相关规定计算费用。

6.3 支付

6.3.1 动员预付款

为使监理服务能够及时开展，发包人应在监理合同签订后 7 日内按监理服务费总额的 10% 向监理人支付动员预付款，但专用条款另有约定的除外。

6.3.2 履约担保

6.3.2.1 履约担保的提交和返还按照投标人须知第 24 条和监理合同通用条款第4.5.2 项、第 4.5.3 项执行。

6.3.2.2　发包人没收监理人的全部或部分履约担保时，不影响监理人根据监理合同应当得到的其他款项的支付。

6.3.3　违约金和赔偿金

6.3.3.1　根据监理合同通用条款第4.1款确定的监理人对发包人的违约金和赔偿金，由发包人从对监理人的日常支付中扣回。

6.3.3.2　根据监理合同通用条款第4.2款确定的发包人对监理人的赔偿金，应由发包人在日常支付中向监理人支付。

6.3.4　支付担保

6.3.4.1　发包人为履行合同约定的支付义务，在签订合同时，按专用条款约定的金额办理支付担保，并将此担保交给监理人。

6.3.4.2　支付担保的开具机构应与履约担保开具机构相同级别。除非在专用条款另有约定，执行本条款所发生的费用应由发包人承担。

6.3.4.3　支付担保的有效期应至发包人按照合同条款第6.3.7项约定完全履行其支付义务之日止。

6.3.5　支付方式与支付内容

6.3.5.1　发包人采用总价平均、分期支付的方式按月向监理人支付监理服务费。监理人于每月7日前将上月监理服务费支付申请上报发包人，发包人应在收到监理支付申请后7日内予以审批，在批复后14日内向监理人支付监理服务费。

(1)除非专用条款另有约定，施工阶段监理服务费在合同约定的正常施工阶段期限内按月平均支付；

(2)附加监理服务、额外服务费用经双方协商确认后，在附加监理服务或额外服务所对应工作期限内按月平均支付或按双方所签订补充协议约定的支付方式进行支付；

(3)基于工程概算变化而导致的监理服务费调整后费用，其增加或减少的费用经双方协商确认后于当月至施工阶段结束期限内按月平均支付或按双方所签订补充协议约定的支付方式进行支付；

(4)依据合同条款第4.1款约定对监理人的违约金和赔偿金扣款，发包人应从当期对监理人的支付费用中一次性扣回；

(5)依据合同条款第4.2款约定发包人对监理人的赔偿金，应于协商确定后在对监理人当期支付费用中一次性支付；

(6)依据合同条款第7.3款约定对监理人的奖励，发包人应于对监理人的当期支付费用中一次性支付。

6.3.5.2　监理人应于每月7日前将上月加班费上报发包人审批，发包人应于收到后7日内批复并与监理服务费一同支付。

6.3.5.3　交工验收与缺陷责任期阶段内，监理人依据合同条款第6.2.1项的约定，于每月 7 日前将上月交工验收与缺陷责任期阶段监理服务费支付申请上报发包人，发包人在收到监理支付申请后 7 日内予以审批，在批复后 14 日内向监理人支付监理服务费。

6.3.6　动员预付款的扣回

动员预付款在施工阶段监理服务费支付的累计金额达到"中标监理服务费总价"的 30% 时开始抵扣，全部动员预付款应在施工阶段监理服务费累计支付到"中标监理服务费总价"的 80% 时扣完。

6.3.7　结算

6.3.7.1　在施工阶段监理服务工作结束后 7 日内，监理人应将至交工证书申请之日前实际发生的监理服务费用，扣减动员预付款和监理人赔偿金后余额的支付申请上报至发包人，发包人应在收到该支付申请后 7 日内予以审批，在批复后 14 日内向监理人支付费用。监理人在提交支付申请的同时应按发包人要求的格式、以履约担保额的 50% 为额度向发包人提交缺陷责任期保函，发包人在收到监理人提交的缺陷责任期保函后 7 日内向监理人返还履约担保。

6.3.7.2　在签发工程缺陷责任终止证书后 7 日内，监理人应将工程缺陷责任期内未结清的监理服务费用和其他应由发包人向监理人支付的剩余款项，扣减其他应由发包人从监理人扣回的款项的支付申请上报至发包人，发包人应在收到该支付申请后 7 日内予以审批，在批复后 14 日内向监理人支付费用，同时发包人向监理人返还缺陷责任期保函。

6.3.8　监理服务费用的支付期限

发包人在收到监理人提交的书面支付申请后，应按上述条款约定的支付期限内支付监理服务费用。发包人在约定的期限内，未向监理人支付到期应付的款项，应承担违约责任，并支付逾期付款违约金，逾期付款的违约金以到期应付而未付的款项，按照银行同期贷款利率计算相应的利息，时间自未付款项的应付之日起算。该逾期付款违约金的支付不影响本合同条款第 5.5.4 项约定的监理人的权力。

6.3.9　支付争议

发包人对监理人要求支付的款项中的任何部分有异议，应在收到监理人提交的书面支付申请 7 日内发出书面通知说明理由，但不得借此延误对监理人其他应得款项的支付。本合同条款第 6.2.1 项的约定，适用于最终支付给监理人的一切曾经有过争议的款项。

6.4　货币

除专用条款另有约定外，发包人支付监理人履行监理服务的费用一律采用人民币支付。涉及外币支付的，其货币种类、比例和汇率等事宜，在专用条款中约定。

7. 其他

7.1　合同双方的关系

合同双方互为权利和义务主体，双方应遵循平等互利、协商一致的原则履行本监理合同。

发包人和监理人均应按照监理合同公正地行使权力和全面履行自己的职责。

7.2 语言和法律

7.2.1 除专用术语外，本监理合同使用的语言文字为中文。必要时专用术语应附有中文注释。

7.2.2 适用于本监理合同的法律包括中华人民共和国法律、行政法规、部门规章以及工程所在地的地方法规、自治条例、单行条例和地方政府规章。

7.3 奖励

监理人提出的合理化建议缩短了工期、降低工程造价或产生经济效益，发包人可按国家有关规定在专用条款中约定给予奖励。

7.4 利益矛盾

未经发包人书面同意，监理人不得获取本监理合同约定以外的与本工程有关的任何利益，不得参与与本监理合同约定的发包人利益相冲突的任何活动。

7.5 版权

7.5.1 对监理人拥有版权并已用于本监理服务中的所有文件，发包人有权在本合同工程中使用或复制。但未经监理人的同意，发包人不得将上述文件直接或间接用于其他项目、工程或服务之中。

7.5.2 如果在专用条款中没有另外约定，则监理人有权出版与本项目或本工程监理服务有关的资料。但未经发包人同意，上述出版物中不得涉及发包人的专利、专有技术以及经济情报。

7.6 通知

本监理合同涉及的通知均为书面形式，在送达协议书中注明的地址并由收受方签收后生效。无论发送方采用何种方式递送通知，收受方都应用书面回执确认。

8. 争端的解决

双方在履行本监理合同过程中发生争端时，应本着友好协商的原则解决问题，或通过上级主管部门进行调解。若经过协商或调解仍不能达成一致时，任何一方均可根据专用条款的约定，申请仲裁或向有管辖权的人民法院提起诉讼。

第四篇　合同专用条款

本合同专用条款是依据通用条款进行编制，发包人可根据工程的特点、环境及其他要求，在此进行修正、补充或删除，在执行过程中以此为准。

这类条款包括 1.1.1、1.1.2、2.1.1、2.1.2.1、2.1.3.2、2.1.4、2.1.5、3.5、4.1.1.5、5.2、6.2.2、6.2.3、6.3.4.1、7.3、8 等有关条款。

1. 定义与解释

1.1.1 项目

项目名称：____；

发包人名称：____；

立项审批情况：____；

初步设计审批情况：____；

资金组成及到位情况：____；

招标文件备案情况：____；

征地拆迁完成情况：____。

1.1.2 工程

工程地点：____；

起讫桩号：____；

施工合同合同段划分：____；

监理合同合同段划分[1]：____；

工程概况：____。

2. 监理人的义务

2.1.1 服务形式[2]

总监理工程师办公室按(组建原则、设立方式)组建,下设____个驻地监理工程师办公室。

2.1.2 服务范围

2.1.2.1 监理服务的工程范围：____。

2.1.3 服务目标

2.1.3.2 对第三方履约管理的服务目标：____；

2.1.4 监理服务的内容[3]

---

[1]一般采用列表形式进行说明,应包括合同段的里程、起讫桩号、主要工程量等。高速公路和一级公路每个监理合同段的里程宜为30～50km、二级及二级以下公路不宜少于50km。

[2]监理机构的设置应符合《公路工程施工监理规范》(JTG G10—2006)的要求,应将监理机构的组织原则、设立方式说明。当采用二级监理机构和监理总承包时,应由中标的监理人划分各级监理机构及监理人员的职责和权限,避免交叉管理和出现管理漏洞;当对监理机构分别招标时,应由发包人划分确定监理机构各自的职责和权限。各级监理机构的监理服务范围、工作范围也应对应总监理机构、驻地监理机构职责和权限进行区分。

[3]本条通用条款中所列的监理服务的具体监理工作,主要参照《公路工程施工监理规范》(JTG G10—2006)的内容予以归纳,招标人应根据本工程的具体情况予以补充。当采用二级监理机构或监理总承包时,应由中标的监理人划分各级监理机构及监理人员的职责和权限,避免交叉管理和出现管理漏洞;但不得将《公路工程施工监理规范》(JTG G10—2006)明确规定的总监理工程师的权利或职责授予或转嫁给驻地办。对于总监理机构与驻地监理机构分别招标的监理项目,应根据授权范围明确各自的工作内容。如合同要求监理人配合并接受发包人或上级相关单位安排的工程跟踪审计和决算审计等工作,其涉及增加的监理服务费应由双方另行约定。

监理服务机构设置：____；

监理服务的内容：____；

总监理工程师办公室中心试验室的资质及相应的检查项目和抽检频率：____________；

驻地监理工程师办公室检查项目和抽检频率：_________________________________。

2.1.5　发包人对监理人的授权

发包人对监理人的授权：____。

3. 发包人的义务

3.5　代表

发包人授权代表：____。

4. 责任和保障

4.1　监理人的违约及赔偿责任

4.1.1.5　监理人的其他违约责任：____；

因监理人违约，发包人对监理人课以违约金额的计算方法：____________________。

5. 监理合同的生效、终止、变更、暂停与解除

5.2　监理服务的时间和期限

进场时间：____。

施工准备阶段监理服务结束时间：____。

施工阶段监理服务结束时间：____。

交工验收与缺陷责任期阶段监理服务结束时间：______________________________。

退场期限：____。

6. 监理服务的费用与支付[1]

6.2.2　附加监理服务的费用

附加监理服务的费用计算方法：____。

6.2.3　额外服务的费用

额外服务的费用计算方法：____。

6.3.4　支付担保

6.3.4.1　发包人在签订合同时，按金额____元（监理服务费的____%）办理支付担保，并

[1]附加监理服务和额外监理费用计算方法应从通用条款给定的方法中选择。

将此担保交给监理人。

7. 其他

7.3 奖励

监理人提出的合理化建议缩短了工期、降低工程造价或产生经济效益，发包人对监理人的额外奖励办法：____；

履约考核的具体办法：____。

8. 争端的解决

双方在此约定：对合同执行过程中的争端最终由（仲裁机构或有管辖权的人民法院的全称）解决。

9. 补充条款

需补充的其他条款。

第　二　卷

第五篇　监 理 规 范

执行《公路工程施工监理规范》（JTG G10—2006），该规范是中华人民共和国行业标准，交通运输部以“交通部公告 2006 年第 40 号”发布，由人民交通出版社出版。此规范为本工程施工监理合同的重要组成部分。

第六篇　工程专用规范

本规范由招标人根据工程的实际情况，在《公路工程施工监理规范》（JTG G10—2006）的基础上自行编制，但不得与国家、交通运输部及有关部门的法规、标准、规范等矛盾。

针对本工程或仅在本地区实行的与监理工作有关的管理办法、制度应一并提供给投标人。

第七篇　技术规范

技术规范包括以下内容：

（1）本工程施工合同段招标文件中的技术规范；

（2）所有与工程施工有关的国家现行的公路建设标准、规范、规程及相关文件。

第　三　卷

第八篇　投标文件格式

一、商务文件格式

二、技术建议书格式

三、财务建议书格式

一、商务文件格式

目　　录[1]

[1]采用资格后审方式时,按本节内容申报资格后审审查资料。采用资格预审方式时,本节内容可以直接作为投标资格预审申请文件格式,并另附投标资格预审申请书。在投标文件中,只需依据投标人须知要求及投标人实际变更情况申报相应更新资料。

（一）投标书格式[1]

投标书（适用于固定标价评分法）

致：(招标人全称)

我方经认真分析、研究了贵方提供的________项目________工程第____监理合同段的招标文件（含补遗书第____号至第____号），并考察现场后，决定参加该工程投标。在此郑重表示，愿意按照递交的商务文件及技术建议书确定的投入力量和工作方法，遵照监理招标文件中提出的各项要求，我方将以监理服务总费用人民币（大写）________元（￥________）（招标人给定价格），承担并完成本工程在施工准备阶段、施工阶段及交工验收与缺陷责任期阶段的监理服务工作。

施工阶段监理服务费：____________元；

交工验收及缺陷责任期阶段监理服务费：____________元；

总监理工程师：____(姓名)____，证书号码：____________。

我方投标文件由商务文件、技术建议书组成。我方已按招标文件的要求提交了投标保证金，并同意从招标文件规定的递交投标文件截止时间起____日内保持投标文件有效。在此有效期内，我方将遵守承诺，并同意随时解答贵方的询问，按贵方的要求提供补充资料，并随时准备接受中标或落标通知。

如果贵方接受我方的投标，我们将保证在接到发包人的进驻通知后____日内进驻现场并开展监理工作。

在监理合同协议书正式签署生效之前，本投标书连同贵方的中标通知书及双方共同签署的补充文件将构成双方共同遵守的文件，对双方具有约束力。

我们理解贵方不负担我方的任何投标费用。

如果我方在接到中标通知书后30日内未能或拒绝与贵方签订监理合同协议书，或未能按招标文件规定的时间递交履约担保，贵方有权没收投标保证金，并依序确定其他中标候选人为中标人。

投标人：________(全称)(盖章)________

法定代表人或其授权的代理人：____(签字)____

日期：________年________月________日

---

[1]应根据采用评标办法的不同，选用相应的投标书格式。如招标人对驻地监理工程师办公室进行招标，则应将该投标函中总监理工程师改为驻地监理工程师。

投标书（适用于综合评标法）

致：（招标人全称）

我方经认真分析、研究了贵方提供的________项目________工程第____监理合同段的招标文件（含补遗书第____号至第____号），并考察现场后，决定参加该工程投标。在此郑重表示，愿意按照递交的商务文件及技术建议书确定的投入力量和工作方法，遵照监理招标文件中提出的各项要求，我方将以财务建议书的报价承担并完成本工程在施工准备阶段、施工阶段及交工验收与缺陷责任期阶段的监理服务工作。

总监理工程师：____（姓名）____，证书号码：____________。

我方投标文件由商务文件、技术建议书、财务建议书组成。我方已按招标文件的要求提交了投标保证金，并同意从招标文件规定的递交投标文件截止时间起____日内保持投标文件有效。在此有效期内，我方将遵守承诺，并同意随时解答贵方的询问，按贵方的要求提供补充资料，并随时准备接受中标或落标通知。

如果贵方接受我方的投标，我们将保证在接到发包人的进驻通知后____日内进驻现场并开展监理工作。

在监理合同协议书正式签署生效之前，本投标书连同贵方的中标通知书及双方共同签署的补充文件将构成双方共同遵守的文件，对双方具有约束力。

我们理解，贵方不一定接受最低标价的投标或其他任何投标；同时也理解，贵方不负担我方的任何投标费用。

如果我方在接到中标通知书后30日内未能或拒绝与贵方签订监理合同协议书，或未能按招标文件规定的时间递交履约担保，贵方有权没收投标保证金，并依序确定其他中标候选人为中标人。

投标人：________（全称）（盖章）__________

法定代表人或其授权的代理人：（签字）

日期：________年________月________日

投标书（适用于技术评分合理标价法）

致：（招标人全称）

我方经认真分析、研究了贵方提供的________项目________工程第____监理合同段的招标文件（含补遗书第____号至第____号），并考察现场后，决定参加该工程投标。在此郑重表示，愿意按照递交的商务文件及技术建议书确定的投入力量和工作方法，遵照监理招标文件中提出的各项要求，我方将以财务建议书的报价承担并完成本工程在施工准备阶段、施工阶段及交工验收与缺陷责任期阶段的监理服务工作。

总监理工程师：____（姓名）____，证书号码：____________。

我方投标文件由商务文件、技术建议书、财务建议书组成。我方已按招标文件的要求提交了投标保证金，并同意从招标文件规定的递交投标文件截止时间起____日内保持投标文件有效。在此有效期内，我方将遵守承诺，并同意随时解答贵方的询问，按贵方的要求提供补充资料，并随时准备接受中标或落标通知。

如果贵方接受我方的投标，我们将保证在接到发包人的进驻通知后____日内进驻现场并开展监理工作。

在监理合同协议书正式签署生效之前，本投标书连同贵方的中标通知书及双方共同签署的补充文件将构成双方共同遵守的文件，对双方具有约束力。

我们理解贵方不负担我方的任何投标费用。

如果我方在接到中标通知书后30日内未能或拒绝与贵方签订监理合同协议书，或未能按招标文件规定的时间递交履约担保，贵方有权没收投标保证金，并依序确定其他中标候选人为中标人。

投标人：________（全称）（盖章）________

法定代表人或其授权的代理人：（签字）

日期：________年________月________日

投标书附录

说明:1. 下表所有数据须由投标人签署确认,并随投标书一起报送;

2. 数据栏中,对数据的限额说明见合同条款;

3. 本表各项内容可根据工程情况进行扩充、修改。

<table>
<tr><th>序号</th><th>事　项</th><th>合同条款</th><th>数　据</th></tr>
<tr><td>1</td><td>投入监理人员数量</td><td>2.4.1</td><td>________人</td></tr>
<tr><td>2</td><td>赔偿的限额</td><td>4.4</td><td>监理人的赔偿限额:监理服务费的________%
发包人的赔偿限额:________</td></tr>
<tr><td rowspan="4">3</td><td>监理服务期</td><td rowspan="4">5.2</td><td>________个月</td></tr>
<tr><td>其中:　施工准备阶段</td><td>________个月</td></tr>
<tr><td>施工阶段</td><td>________个月</td></tr>
<tr><td>交工验收与缺陷责任期阶段</td><td>________个月</td></tr>
<tr><td>4</td><td>动员预付款</td><td>6.3.1</td><td>监理服务费的________%</td></tr>
<tr><td>5</td><td>履约担保</td><td>6.3.2</td><td>监理服务费的________%</td></tr>
<tr><td>6</td><td>监理服务费支付期限</td><td>6.3.8</td><td>支付期限为________日</td></tr>
</table>

投标人:____________(全称)(盖章)____________

法定代表人或其授权的代理人:(签字)

日期:____________年________月________日

（二）联合体协议书格式[1]

联合体协议书

(甲公司名称)、(乙公司名称)、______……______愿意组成联合体，参加________项目________工程第____监理合同段的投标。现就有关事宜订立协议如下：

1. (甲公司名称)为联合体牵头人，(乙公司名称)、______……______为联合体成员。

2. 联合体内部有关事项规定如下：

(1)联合体由牵头人负责与招标人联系；

(2)资格预审及投标工作由联合体牵头人负责，由各方组成的投标小组具体实施；

(3)总监理工程师由与联合体牵头人有合同关系且在其岗位登记的人员担任，其姓名及证书号码分别为：________；

(4)联合体将严格按照招标文件的各项要求，递交投标文件，切实执行一切合同文件，共同承担合同约定的一切义务和责任，同时按照内部职责的划分，承担自身所负的责任和风险；

(5)如中标，牵头人(甲公司名称)承担总工作量的____%，联合体成员(乙公司名称)、______……______分别承担总工程量的____%，并以监理合同协议书方式确认；

(6)投标工作和联合体在中标后工程实施过程中的有关费用按各自承担的工作量分摊。

3. 本协议书自签署之日起生效，在上述(5)所述的联合体监理合同协议书签订后自行失效；联合体牵头人应立即将该监理合同协议书送交招标人。

4. 本协议书正本一式____份，送交发包人一份，联合体成员各执一份，副本____份，联合体成员各执____份。

联合体牵头人名称：________(全称)________________(盖章)________

法定代表人：________________(签字)______签订日期：____年____月____日

联合体成员名称：________(全称)________________(盖章)________

法定代表人：________________(签字)______签订日期：____年____月____日

---

[1]不接受联合体投标时，此格式取消。

（三）法定代表人身份证明

法定代表人身份证明[1]

投标人名称：______________________

单位性质：______________________

地址：______________________

成立时间：______年______月______日

经营期限：______________________

姓名：______性别：______年龄：______职务：______系（投标人名称）的法定代表人。

特此证明。

投标人：（全称）（盖章）

日　期：______年____月____日

[1]投标人应对其法定代表人身份证明的真实性作出有效公证。

（四）授权书格式

授 权 书[1]

致：(招标人全称)

(投标人全称)(职务)(姓名)以法定代表人的身份，授权(投标人或其下属单位全称)的(职务)(姓名)为我单位的合法代理人。该代理人在________项目________工程第____监理合同段的投标过程中，以我单位的名义签署的一切文件和处理与之相关的一切事务，我方均予以承认。

代理人无权再授权。

投标人：______(全称)(盖章)______

授权人：________(签字)________

被授权的代理人：_____(签字)______

日　期：________年_____月_____日

---

[1]本授权书在投标人代表不是投标人法定代表人时办理，如由投标人法定代表人亲自签署投标文件并参与投标相关活动，则不需办理本授权书。具体授权范围应满足投标人须知要求，并附被授权人有效证件的复印件。当招标文件要求投标人办理授权书公证时，投标人须在本授权委托书后附有经公证机关加盖钢印、单位公章并盖有公证员签名章的公证书，对投标人法定代表人、被授权代理人的签字、投标人公章的真实性作出有效公证。如投标文件中缺少公证书或公证书不满足招标文件要求，评标委员会有权将其作废标处理。当以联合体形式投标时，本授权委托书应由联合体牵头人的法定代表人按上述规定签署并公证。

（五）投标保函格式

投 标 保 函[1]

保函编号:____________

致:(招标人全称)

鉴于(投标人名称)(以下简称“投标人”)对你方的________项目________工程第____监理合同段进行投标并按你方要求须提供投标保函。

我行,(银行名称),同意为投标人出具人民币(大写)________元(￥________)的保函,作为向招标人的投标担保。

当出现以下任何一种情况时,我行将履行担保义务,保证在收到招标人的书面要求及索款凭证后,向你方支付上述款项。

(1)投标人在投标文件有效期内撤回其投标文件;

(2)中标人在收到中标通知书后30日内,未能或拒绝与招标人签订监理合同协议书,或未能按招标文件规定提交履约担保;

(3)投标人不接受依据评标办法的规定对其投标文件中细微偏差进行澄清和补正;

(4)投标人以他人名义投标、与他人串通投标、以行贿手段谋取中标、弄虚作假等行为。

本保函项下所有权利和义务均受中华人民共和国法律管辖和制约。

本保函自(生效日期)之日起生效,至(失效日期)失效。如果你方延长投标文件有效期,则投标保函的有效期亦相应延长,除非你方提前终止或解除本保函。保函失效后请将本保函退回我行注销。

担保银行:____(全称)(盖章)____

银行地址:________________

银行电话:________________

银行负责人:________(职务)________

________(姓名)________

________(签字)________

________年____月____日

[1]保函的有效期限须满足招标文件要求。招标人可依据工程具体情况对扣除保函的情形酌情予以增加。投标人提交的投标担保如采用招标文件中规定的其他形式,应提供相应的银行凭证复印件。

（六）资格审查证明材料

附件 A-1　资　　质

合同段：________

项目	投标人情况	证明文件[1]
资质		

投标人：（公章）

注：[1]资质证明文件指企业营业执照、监理资质证书、质量认证证书等相关资料复印件（加盖公章）。

附件 A-2　业　　绩

合同段：________

项目	投标人情况	证明文件[1]
业绩		

投标人：（公章）

注：[1]列出近4～6年内已完成的与本工程的规模类似的监理工程简况，投标人应将所列工程的项目评定书或质量评定书复印件作为证明文件附于本表后。招标人还可要求提供其他的证明文件，如获奖证明、建设单位评价等。

附件 A-3　人　　员

附件 A-3-1　总监理工程师办公室

合同段:________

序号	监理岗位	投标人情况	数　量	证明文件
1				
2				
3				
4				
5				
6				
7				
8				
9				
10				
11				
12				
13				
…				

投标人:(公章)

附件 A-3-2　驻地监理工程师办公室

合同段:________

序号	监理岗位	投标人情况	数　量	证明文件
1				
2				
3				
4				
5				
6				
7				
8				
9				
10				
11				
12				
13				
14				
…				

投标人:(公章)

附件 A-4　试验、检测设备

附件 A-4-1　总监理工程师办公室中心试验室

合同段:________

项目	设备名称	规格型号	数　量	证明文件	备　注
拟投入试验、检测设备情况					

投标人:(公章)

附件 A-4-2　驻地监理工程师办公室试验室

合同段:________

项目	设备名称	规格型号	数　量	证明文件	备　注
拟投入试验、检测设备情况					

投标人:(公章)

附件 A-5　财 务 状 况

合同段:________

项目	投标人情况	证明文件[1]
财务能力		

投标人:(公章)

注:[1]证明文件指近3年财务报表(包括财务报表说明、资产负债表、现金流量表、利润及利润分配表)及由独立于投标人的会计师事务所出具的相应年度审计报告。

附件 A-6　诉讼和履约[1]

合同段:________

项目	投标人情况	承　　诺
诉讼和履约		

投标人:(公章)

注:[1]附件 A-6“诉讼和履约”投标人应对其未存在附件 5-6 中所列事项出具一份承诺,并加盖公章。

（七）投标人企业资质及信誉

附件 B-1　投标人总体情况一览表[1]

合同段：________

<table>
<tr><td>投标人名称</td><td colspan="12"></td></tr>
<tr><td colspan="13">营业执照</td></tr>
<tr><td>营业执照编号</td><td colspan="4"></td><td colspan="4">注册资金</td><td colspan="4"></td></tr>
<tr><td>发照机关</td><td colspan="4"></td><td colspan="4">注册地址</td><td colspan="4"></td></tr>
<tr><td>成立时间</td><td colspan="4"></td><td colspan="4">企业性质</td><td colspan="4"></td></tr>
<tr><td>经营范围</td><td colspan="12"></td></tr>
<tr><td colspan="13">企业资质</td></tr>
<tr><td>企业资质等级</td><td colspan="4"></td><td colspan="4">证书编号</td><td colspan="4"></td></tr>
<tr><td>发证机关</td><td colspan="4"></td><td colspan="4">业务范围</td><td colspan="4"></td></tr>
<tr><td colspan="13">领导层构成情况</td></tr>
<tr><td></td><td colspan="3">姓名</td><td colspan="3">职务</td><td colspan="3">职称</td><td colspan="3">联系电话</td></tr>
<tr><td>法定代表人</td><td colspan="3"></td><td colspan="3"></td><td colspan="3"></td><td colspan="3"></td></tr>
<tr><td>企业负责人</td><td colspan="3"></td><td colspan="3"></td><td colspan="3"></td><td colspan="3"></td></tr>
<tr><td>技术负责人</td><td colspan="3"></td><td colspan="3"></td><td colspan="3"></td><td colspan="3"></td></tr>
<tr><td>经济负责人</td><td colspan="3"></td><td colspan="3"></td><td colspan="3"></td><td colspan="3"></td></tr>
<tr><td>财务负责人</td><td colspan="3"></td><td colspan="3"></td><td colspan="3"></td><td colspan="3"></td></tr>
<tr><td colspan="13">人员职称构成情况</td></tr>
<tr><td>人员总数</td><td colspan="3">高级职称</td><td colspan="3">中级职称</td><td colspan="3">初级职称</td><td colspan="3">其他</td></tr>
<tr><td rowspan="3"></td><td colspan="3"></td><td colspan="3"></td><td colspan="3"></td><td colspan="3"></td></tr>
<tr><td colspan="4">管理人员</td><td colspan="4">监理人员</td><td colspan="4">后勤人员</td></tr>
<tr><td colspan="4"></td><td colspan="4"></td><td colspan="4"></td></tr>
<tr><td colspan="4">45 岁以下</td><td colspan="5">45～60 岁</td><td colspan="4">60 岁以上</td></tr>
<tr><td colspan="4"></td><td colspan="5"></td><td colspan="4"></td></tr>
<tr><td colspan="13">近____年营业额情况（万元）</td></tr>
<tr><td colspan="4">________年</td><td colspan="5">________年</td><td colspan="4">________年</td></tr>
<tr><td colspan="4"></td><td colspan="5"></td><td colspan="4"></td></tr>
</table>

投标人：（公章）

[1] 附件 B 中所要求的证明文件、资料如与附件 A 中所要求的证明文件（或证明资料）一致时，则无须另附。本表后应附公司资质简介（由投标人进行文字论述）、企业营业执照、监理资质证书、质量认证证书等相关资料复印件（加盖公章）及组织机构框图且加盖公章（格式自定）。投标人还应附股东持股或出资额情况及由法定的社会验资机构出具的验资报告等资料。

附件 B-2　财务状况表[1]

合同段：________

项目或指标	单位	____年	____年	____年
一、注册资金	万元			
二、净资产	万元			
三、总资产	万元			
四、固定资产（原值/净值）	万元			
五、流动资产	万元			
六、流动负债	万元			
七、负债合计	万元			
八、营业收入	万元			
九、净利润	万元			
十、现金流量净额	万元			
十一、主要财务指标				
1. 净资产收益率	%			
2. 总资产报酬率	%			
3. 主营业务利润率	%			
4. 资产负债率	%			
5. 流动比率	%			

投标人：（公章）

注：[1]本表后应附近3年财务报表（包括财务报表说明、资产负债表、现金流量表、利润及利润分配表）及由独立于投标人的会计师事务所出具的相应年度审计报告。本表所列数据必须与本表各附件中的数据相一致。

附件 B-3 投标人近____年已完成的同类工程表[1]

合同段:________

<table>
<tr><td colspan="3">项目名称或指标</td><td>单位</td><td>1</td><td>2</td><td>3</td><td>4</td></tr>
<tr><td colspan="3">项目名称</td><td></td><td></td><td></td><td></td><td></td></tr>
<tr><td colspan="3">监理合同公路里程</td><td>km</td><td></td><td></td><td></td><td></td></tr>
<tr><td rowspan="2">路基
土石方</td><td colspan="2">挖方</td><td>m³</td><td></td><td></td><td></td><td></td></tr>
<tr><td colspan="2">填方</td><td>m³</td><td></td><td></td><td></td><td></td></tr>
<tr><td colspan="3">圬工砌体(排水/防护)</td><td>m³</td><td></td><td></td><td></td><td></td></tr>
<tr><td colspan="3">软基处理</td><td>km</td><td></td><td></td><td></td><td></td></tr>
<tr><td colspan="3">基层</td><td>m²</td><td></td><td></td><td></td><td></td></tr>
<tr><td colspan="3">沥青混凝土路面</td><td>m²</td><td></td><td></td><td></td><td></td></tr>
<tr><td colspan="3">水泥混凝土路面</td><td>m²</td><td></td><td></td><td></td><td></td></tr>
<tr><td rowspan="3">桥梁</td><td colspan="2">特大桥</td><td>m/座</td><td></td><td></td><td></td><td></td></tr>
<tr><td colspan="2">大桥</td><td>m/座</td><td></td><td></td><td></td><td></td></tr>
<tr><td colspan="2">中桥</td><td>m/座</td><td></td><td></td><td></td><td></td></tr>
<tr><td colspan="3">涵洞</td><td>道</td><td></td><td></td><td></td><td></td></tr>
<tr><td rowspan="4">互通
立交</td><td colspan="2">数量</td><td>处</td><td></td><td></td><td></td><td></td></tr>
<tr><td rowspan="3">其中</td><td>主线桥</td><td>m/座</td><td></td><td></td><td></td><td></td></tr>
<tr><td>匝道桥</td><td>m/座</td><td></td><td></td><td></td><td></td></tr>
<tr><td>匝道(扣除桥长)</td><td>km</td><td></td><td></td><td></td><td></td></tr>
<tr><td colspan="3">分离式立交</td><td>m/座</td><td></td><td></td><td></td><td></td></tr>
<tr><td colspan="3">通道</td><td>道</td><td></td><td></td><td></td><td></td></tr>
<tr><td rowspan="4">隧道</td><td colspan="2">特长隧道</td><td>m/道</td><td></td><td></td><td></td><td></td></tr>
<tr><td colspan="2">长隧道</td><td>m/道</td><td></td><td></td><td></td><td></td></tr>
<tr><td colspan="2">中隧道</td><td>m/道</td><td></td><td></td><td></td><td></td></tr>
<tr><td colspan="2">短隧道</td><td>m/道</td><td></td><td></td><td></td><td></td></tr>
<tr><td colspan="3">工程总造价</td><td>万元</td><td></td><td></td><td></td><td></td></tr>
<tr><td colspan="3">开竣工日期</td><td></td><td></td><td></td><td></td><td></td></tr>
<tr><td colspan="3">总监理工程师</td><td></td><td></td><td></td><td></td><td></td></tr>
<tr><td colspan="3">受奖罚情况</td><td></td><td></td><td></td><td></td><td></td></tr>
<tr><td colspan="3">……</td><td></td><td></td><td></td><td></td><td></td></tr>
<tr><td rowspan="3">建设单位</td><td colspan="2">全称</td><td></td><td></td><td></td><td></td><td></td></tr>
<tr><td colspan="2">联系人</td><td></td><td></td><td></td><td></td><td></td></tr>
<tr><td colspan="2">联系电话</td><td></td><td></td><td></td><td></td><td></td></tr>
</table>

投标人:(公章)

注:[1]列出近4~6年内已完成的与本工程的规模类似的监理工程简况,将所列工程的项目评定书或质量评定书复印件作为证明文件附于本表后。招标人还可要求提供其他的证明文件,如获奖证明、建设单位评价等。招标人可依据工程实际情况对此表内容进行调整,本页不够时可另加附页。

附件 B-4　投标人在监工程项目表[1]

合同段：________

项目名称或指标			单位	1	2	3	4
项目名称							
监理合同公路里程			km				
路基土石方	挖方		m^3				
	填方		m^3				
圬工砌体(排水/防护)			m^3				
软基处理			km				
基层			m^2				
沥青混凝土路面			m^2				
水泥混凝土路面			m^2				
桥梁	特大桥		m/座				
	大桥		m/座				
	中桥		m/座				
涵洞			道				
互通立交	数量		处				
	其中	主线桥	m/座				
		匝道桥	m/座				
		匝道(扣除桥长)	km				
分离式立交			m/座				
通道			道				
隧道	特长隧道		m/道				
	长隧道		m/道				
	中隧道		m/道				
	短隧道		m/道				
工程总造价			万元				
开竣工日期							
总监理工程师							
受奖罚情况							
……							
建设单位	全称						
	联系人						
	联系电话						

投标人：(公章)

注：[1]列出投标人目前正在进行和已签订合同但尚未实施的全部监理工程，将所列工程的监理合同协议书复印件附于本表后。招标人可依据工程实际情况对此表内容进行调整，本页不够时可另加附页。

附件 B-5　监理联合体组成状况一览表[1]

合同段：________

组成成员	单位名称	承担工作内容	承担工作比例	投入人员数量
联合体牵头人				
联合方 1				
联合方 2				
联合方 3				
联合方 4				
…				

投标人：(公章)

注：[1]当投标人以联合体形式投标，须填写本表，各联合体成员还应分别填报 B-1 ~ B-4 表，并提供相应的证明文件。如本工程不接受联合体投标时，此表无需填写。

（八）监理机构及人员资质

附件 C-1 拟投入监理人员情况汇总表

合同段：________

<table>
<tr><td rowspan="2">序号</td><td rowspan="2">监理职务</td><td rowspan="2">姓名</td><td rowspan="2">性别</td><td rowspan="2">年龄</td><td rowspan="2">学历</td><td rowspan="2">专业</td><td colspan="4">工作年限</td><td colspan="3">专业技术职称</td><td colspan="2">监理工程师或培训证书</td><td rowspan="2">身份证号码</td><td rowspan="2">岗位登记单位及状态[1]</td></tr>
<tr><td>设计</td><td>施工</td><td>管理</td><td>监理</td><td>初级</td><td>中级</td><td>高级</td><td>证书名称</td><td>编号</td></tr>
<tr><td>1</td><td></td><td></td><td></td><td></td><td></td><td></td><td></td><td></td><td></td><td></td><td></td><td></td><td></td><td></td><td></td><td></td><td></td></tr>
<tr><td>2</td><td></td><td></td><td></td><td></td><td></td><td></td><td></td><td></td><td></td><td></td><td></td><td></td><td></td><td></td><td></td><td></td><td></td></tr>
<tr><td>3</td><td></td><td></td><td></td><td></td><td></td><td></td><td></td><td></td><td></td><td></td><td></td><td></td><td></td><td></td><td></td><td></td><td></td></tr>
<tr><td>4</td><td></td><td></td><td></td><td></td><td></td><td></td><td></td><td></td><td></td><td></td><td></td><td></td><td></td><td></td><td></td><td></td><td></td></tr>
<tr><td>5</td><td></td><td></td><td></td><td></td><td></td><td></td><td></td><td></td><td></td><td></td><td></td><td></td><td></td><td></td><td></td><td></td><td></td></tr>
<tr><td>6</td><td></td><td></td><td></td><td></td><td></td><td></td><td></td><td></td><td></td><td></td><td></td><td></td><td></td><td></td><td></td><td></td><td></td></tr>
<tr><td>7</td><td></td><td></td><td></td><td></td><td></td><td></td><td></td><td></td><td></td><td></td><td></td><td></td><td></td><td></td><td></td><td></td><td></td></tr>
<tr><td>8</td><td></td><td></td><td></td><td></td><td></td><td></td><td></td><td></td><td></td><td></td><td></td><td></td><td></td><td></td><td></td><td></td><td></td></tr>
<tr><td>9</td><td></td><td></td><td></td><td></td><td></td><td></td><td></td><td></td><td></td><td></td><td></td><td></td><td></td><td></td><td></td><td></td><td></td></tr>
<tr><td>10</td><td></td><td></td><td></td><td></td><td></td><td></td><td></td><td></td><td></td><td></td><td></td><td></td><td></td><td></td><td></td><td></td><td></td></tr>
<tr><td>11</td><td></td><td></td><td></td><td></td><td></td><td></td><td></td><td></td><td></td><td></td><td></td><td></td><td></td><td></td><td></td><td></td><td></td></tr>
<tr><td>12</td><td></td><td></td><td></td><td></td><td></td><td></td><td></td><td></td><td></td><td></td><td></td><td></td><td></td><td></td><td></td><td></td><td></td></tr>
<tr><td>13</td><td></td><td></td><td></td><td></td><td></td><td></td><td></td><td></td><td></td><td></td><td></td><td></td><td></td><td></td><td></td><td></td><td></td></tr>
<tr><td>14</td><td></td><td></td><td></td><td></td><td></td><td></td><td></td><td></td><td></td><td></td><td></td><td></td><td></td><td></td><td></td><td></td><td></td></tr>
<tr><td>15</td><td></td><td></td><td></td><td></td><td></td><td></td><td></td><td></td><td></td><td></td><td></td><td></td><td></td><td></td><td></td><td></td><td></td></tr>
<tr><td>16</td><td></td><td></td><td></td><td></td><td></td><td></td><td></td><td></td><td></td><td></td><td></td><td></td><td></td><td></td><td></td><td></td><td></td></tr>
<tr><td>17</td><td></td><td></td><td></td><td></td><td></td><td></td><td></td><td></td><td></td><td></td><td></td><td></td><td></td><td></td><td></td><td></td><td></td></tr>
<tr><td>18</td><td></td><td></td><td></td><td></td><td></td><td></td><td></td><td></td><td></td><td></td><td></td><td></td><td></td><td></td><td></td><td></td><td></td></tr>
<tr><td>19</td><td></td><td></td><td></td><td></td><td></td><td></td><td></td><td></td><td></td><td></td><td></td><td></td><td></td><td></td><td></td><td></td><td></td></tr>
<tr><td>…</td><td></td><td></td><td></td><td></td><td></td><td></td><td></td><td></td><td></td><td></td><td></td><td></td><td></td><td></td><td></td><td></td><td></td></tr>
</table>

投标人：（公章）

注：[1]岗位登记单位及状态指拟投入的监理工程师资格证书目前是否在投标人处登记。

附件 C-2　拟投入监理人员工作简历表[1]

合同段：________

姓名		性别		年龄	
职称		毕业院校			
毕业时间		最高学历		专业	
监理资质			证书编号		
本工程拟出任职务		工作年限		专业工作年限	
主要工作经历					

年月	单位	工程名称	在工程中担任岗位	主要工作	证明人	联系电话

目前承担工作或在监工程名称	
担任职务	
在监工程开、竣工时间	
奖惩情况	

投标人：(公章)

注：[1]投标人拟投入所有人员(含辅助人员)均须填写本表，并将人员执业资格证书、岗位登记单位、职称证书、身份证复印件附于本表后。辅助人员包括驾驶员、厨师、检验工等。

附件 C-3　拟投入的试验、检测仪器，办公、生活及交通设施表[1]

合同段：________

仪器、设备与设施名称	型号、产地	用途、功能规格	数量				设备寿命(年)	已使用年限(年)
			合计	自有	租赁	新购		
试验、检测仪器								
办公设施								
生活设施								
交通设施								
备注								

投标人：(公章)

注：[1]投标人应根据本工程的实际情况配备所需的试验、检测、测量仪器、交通设施及办公设备。上述租赁与新购设施的初步落实程度，应在备注中注明。

二、技术建议书格式

（一）格 式 要 求

采用技术建议书无标识方式招标时，技术建议书格式要求见投标人须知相关条款。

（二）技术建议书内容及编写说明

1. 工程概述：主要对拟投监理合同段的工程总体概况进行简单描述。

2. 监理工作范围：依据监理合同中约定的监理服务的要求和范围，对拟投监理合同段的监理工作安排、主要监理人员的岗位职责进行必要的阐述。

3. 现场监理机构设置与人员安排：通过框图形式，明确拟投监理合同段的组织机构设置。

4. 监理仪器、设备和设施的配备：投标人根据拟投监理合同段的现场工作需要，对其拟投入本工程的监理仪器、设备和设施的配备等情况做简要介绍。

5. 监理工作程序：结合监理工作的阶段划分，对工程质量控制、进度控制、施工安全控制、施工环境保护、费用控制、合同及其他事项管理、文件资料管理等方面，进行监理工作的方法与流程的简要阐述。

6. 监理大纲（或监理方案）和措施。

7. 本工程监理工作的重点与难点分析：根据招标文件及现场考察，对本工程监理工作需要特别给予重视的问题逐一论述并给出解决方法。

8. 对本工程建议：为更好地完成本工程的监理工作，监理单位可根据以往的经验，对本工程监理工作提出建议。

三、财务建议书格式[1]

(一)财务建议书递交函

(二)财务建议书说明

(三)监理服务费报价表

附件 D　监理服务费报价汇总表

附件 D-1　施工阶段监理服务费计算表

附件 D-2　交工验收与缺陷责任期阶段监理服务费计算表

附件 D-3　监理人员工作计划安排表

[1]采用固定标价评分法时,无需填写财务建议书。

（一） 财务建议书递交函（适用于综合评标法、技术评分合理标价法）

致:（招标人全称）

我方郑重承诺,如中标,将以本财务建议书填报的监理服务总费用人民币（大写）________元（￥________）,其中基于国家规定的施工阶段监理服务收费基准价浮动幅度值为:____%,承担并完成________项目________工程第____监理合同段的施工准备阶段、施工阶段及交工验收与缺陷责任期阶段的监理服务工作。

其中:施工阶段监理服务费:________元;

交工验收与缺陷责任期阶段监理服务费:________元。

投标人:________（全称）（盖章）________

法定代表人

或其授权的代理人:____（签字）______

日　期:________年______月______日

（二）财务建议书说明

（由投标人对其财务建议书及报价在如下几方面进行文字说明）

本财务建议书的最终报价，是我公司完成拟投标监理工程的总体报价，涵盖了与实施工程监理工作有关的全部费用。

1. 本工程监理服务期；

2. 监理服务费报价涵盖内容及报价原则的阐述；

……

（三）监理服务费报价表

附件 D　监理服务费报价汇总表

附件 D-1　施工阶段监理服务费计算表

附件 D-2　交工验收与缺陷责任期阶段监理服务费计算表

附件 D-3　监理人员工作计划安排表

附件 D　监理服务费报价汇总表

合同段:________

序　号	项目名称	合计(元)	备　　注
1	施工阶段		
2	交工验收与 缺陷责任期阶段		
3	监理服务费合计		

投标人:(公章)

附件 D-1　施工阶段监理服务费计算表[1]

合同段:________

序号	项　　目	数额(公式)	备　　注
1	监理服务费计费额		施工监理服务费以建设项目工程建筑安装工程费分档定额计费方式计算
2	监理服务费基价		按《施工监理服务收费基价表》(附表二)确定,计费额(1)处于两个数值区间的,采用直线内插法确定监理服务收费基价
3	监理服务费基准价		=监理服务收费基价(2)×专业调整系数×工程复杂程度调整系数×高程调整系数
4	浮动幅度值(%)		实行政府指导价的建设工程施工阶段监理收费,其基准价根据《建设工程监理与相关服务收费标准》计算,浮动幅度为上下投标人自行填报相应的浮动幅度值
5	监理服务费(小写)		=监理服务收费基准价(3)×[1+浮动幅度值(4)]
6	监理服务费(大写)		=监理服务收费(5)
7	施工阶段监理服务费与计费额的折算系数		=监理服务收费(5)÷监理服务费计费额(1)
8	施工阶段监理服务人月平均费用		=监理服务收费(5)÷施工阶段监理服务人月数

投标人:(公章)

[1]对于机电工程监理服务费应按《建设工程监理与相关服务收费标准》(发改价格[2007]670号)文件的1.0.8款来计算计费额。

附件 D-2　交工验收与缺陷责任期阶段监理服务费计算表[1]

合同段：________

序号	拟投入 监理人员姓名	监理职务	服务时间（日）	日监理 服务费（元）	小计（元）	备注
1						
2						
3						
4						
5						
6						
7						
8						
9						
…						
合计	交工验收与缺陷责任期阶段监理服务费					

投标人：（公章）

注：[1]交工验收与缺陷责任期阶段监理服务费计算表中，招标人应对拟投入的人员数量、职务、服务时间进行约定，监理单位仅对日监理服务费进行报价。监理服务费最终结算时，发包人应按照交工验收与缺陷责任期阶段监理人的实际服务时间进行结算。

附件 D-3 监理人员工作计划安排表[1]

合同段：________

序号	姓名	监理职务	驻场时间（月）	监理人员投入安排（共 个月）													合计	备注
				1	2	3	4	5	6	7	8	9	10	11	12	…		
1																		
2																		
3																		
4																		
5																		
6																		
7																		
8																		
9																		
10																		
11																		
12																		
13																		
14																		
15																		
16																		
17																		
18																		
19																		
20																		
…																		
每月应在工地的监理人员合计（人数）																		

投标人：（公章）

注：[1]按照拟投入本工程现场监理人员的计划在岗安排据实填报。在岗时间为：进场时间为当月第一日；在岗表示为“－”。

第九篇　中标通知书格式

中标通知书

致:(投标人全称)

贵方于________年________月________日送交的___________项目___________工程第____监理合同段投标文件,我方已进行了全面的审查。经过综合评审,我方选定贵方为___________项目___________工程第____监理合同段的中标人。现明确下列事宜:

一、总监理工程师:____________________________________。

二、监理服务期:________个月(其中:施工准备阶段监理________个月,施工阶段监理________个月,交工验收与缺陷责任期阶段监理________个月)。

三、监理服务费用

贵方中标的监理服务费总价:(大写)___________元(¥___________);

其中:施工阶段监理服务费____________________________________元;

交工验收与缺陷责任期阶段监理服务费____________________元。

四、贵方须在本通知发出后____日内按招标文件的要求提供履约担保,并与我方正式签署委托监理合同协议书。本通知书与贵方提交的投标文件及双方在招投标期间的来往补充文件及协商同意的有关修改文件,将作为本监理合同的有效组成部分。监理服务时间从________年________月________日起计算。

特此函告。

招标人:____(全称)(盖章)____

日　期:______年____月____日

确 认 通 知

（招标人名称）

我方已接到你方________年________月________日发出的____________项目____________工程施工监理招标中标通知书，我方已于________年________月________日收到。

特此确认。

投标人：（全称）（盖章）

日　期：______年____月____日

第十篇　监理合同协议书格式

监理合同协议书

本协议书由(发包人全称)(以下简称“发包人”)为一方,与(监理人全称)(以下简称“监理人”)为另一方共同订立。

鉴于发包人已委托监理人为＿＿＿＿＿＿项目＿＿＿＿＿＿工程第＿＿监理合同段提供监理服务,并已接受了监理人就此提出的投标文件,为明确双方在合同期间的义务、责任、权力和利益,兹就以下事项达成协议:

一、项目概况

(1)项目名称:＿＿＿＿＿＿＿＿＿＿＿＿＿＿＿＿＿＿＿＿＿＿＿＿＿＿＿＿＿＿;

(2)工程名称:＿＿＿＿＿＿＿＿＿＿＿＿＿＿＿＿＿＿＿＿＿＿＿＿＿＿＿＿＿＿;

(3)工程地址:＿＿＿＿＿＿＿＿＿＿＿＿＿＿＿＿＿＿＿＿＿＿＿＿＿＿＿＿＿＿;

(4)工程内容:＿＿＿＿＿＿＿＿＿＿＿＿＿＿＿＿＿＿＿＿＿＿＿＿＿＿＿＿＿＿;

(5)资金来源:＿＿＿＿＿＿＿＿＿＿＿＿＿＿＿＿＿＿＿＿＿＿＿＿＿＿＿＿＿＿;

(6)总监理工程师(或驻地监理工程师)姓名及证书号码:＿＿＿＿＿＿＿＿＿＿＿＿。

二、工程监理范围

监理范围:＿＿＿＿＿＿＿＿＿＿＿＿＿＿＿＿＿＿＿＿＿＿＿＿＿＿＿＿＿＿＿＿。

三、监理服务期

监理服务期:＿＿＿＿个月(其中:施工准备阶段＿＿＿＿个月,施工阶段监理＿＿＿＿个月,交工验收与缺陷责任期阶段监理＿＿＿＿个月)。

四、监理服务费用

1. 监理服务费总价:(大写)＿＿＿＿＿＿元(￥＿＿＿＿＿＿);

其中:施工阶段监理服务费＿＿＿＿＿＿＿＿＿＿＿＿＿＿元;

交工验收与缺陷责任期阶段监理服务费＿＿＿＿＿＿元;

2. 施工阶段监理服务费与计费额的折算系数:＿＿＿＿＿＿。

五、本协议书中的名词定义与合同通用条款中约定的定义相同。

六、下列文件是监理合同的组成部分,应作为合同的有效内容予以遵守和执行。

(1)监理合同协议书及附件;

(2)中标通知书;

(3)投标文件;

(4)合同专用条款;

(5)合同通用条款；

(6)工程专用规范；

(7)监理规范；

(8)技术规范；

(9)在本合同专用条款中约定的构成本合同组成部分的其他文件。

上述文件相互补充，如果上述文件之间出现矛盾，应按时间顺序以最后编写或双方最后确认的文件为准。

七、发包人在此同意按照本监理合同约定向监理人支付其应支付的费用和提供监理工作条件。

八、监理人基于发包人的上述保证，在此向发包人承诺按照本监理合同的约定履行监理服务。

九、本协议书经双方签字盖章后，监理人按约定提交履约保函后生效，至双方按照监理合同的约定履行完各自的义务和责任后自然失效。

十、本监理合同协议书正本一式两份，双方各执一份，具有同等法律效力。协议书副本____份，双方各执____份。

发包人：______（全称）（盖章）______	监理人：______（全称）（盖章）______
法定代表人 或其授权的代理人：____（签字）____	法定代表人 或其授权的代理人：____（签字）____
日　期：________年_____月_____日	日　期：________年_____月_____日
单位地址：____________________	单位地址：____________________
邮编：____________________	邮编：____________________
电子邮箱：____________________	电子邮箱：____________________
电话：____________________	电话：____________________
传真：____________________	传真：____________________
开户银行：____________________	开户银行：____________________
账号：____________________	账号：____________________

第十一篇　银行预付款保函格式

银行预付款保函

致：(发包人全称)

鉴于(监理人全称)(以下称"监理人")与(发包人全称)(以下称"发包人")已签订________项目________工程第____监理合同段的监理合同协议书，根据该合同约定，发包人将支付监理人一笔金额为人民币(大写)________元(￥________)预付款，而监理人须向发包人提供与预付款等额的不可撤销和无条件兑现的保函。

本保函的义务是：我们在接到发包人提出的因监理人在履行监理合同过程中，未能履行或违背监理合同约定的责任和义务而要求索赔的书面通知和付款凭证后的14日内，在上述担保的限额内，向发包人支付任何数额的款项，无须发包人出具证明或陈述理由。

在向我行提出要求前，我行将不坚持要求发包人应首先向监理人索要上述款项。我行还同意，任何对协议条款所作的修改和补充都不能免除我行按本保函所应承担的义务。

本保函自(生效日期)之日起生效，至(失效日期)之日失效，除非你方提前终止或解除本保函。保函失效后请将本保函退回我方注销。

担保银行：____(全称)(盖章)____

法定代表人
或其授权的代理人：____(签字)____

日期：________年______月______日

注：监理人在获得发包人书面同意后，可采用银行提供的保函格式，其主要内容须与本保函内容原则一致。

第十二篇　银行履约保函格式

银行履约保函

致：(发包人全称)

鉴于(监理人全称)（以下称“监理人”）与(发包人全称)（以下称“发包人”）已签订____________项目____________工程第____监理合同段的监理合同协议书，并保证按协议约定承担监理服务工作，我们愿出具保函为监理人提供担保，金额为人民币（大写）________元（¥________）。

本保函的义务是：我们在接到发包人提出的因监理人在履行监理合同过程中，未能履行或违背监理合同约定的责任和义务而要求索赔的书面通知和付款凭证后的14日内，在上述担保的限额内，向发包人支付任何数额的款项，无须发包人出具证明或陈述理由。

在向我行提出要求前，我行将不坚持要求发包人应首先向监理人索要上述款项。我行还同意，任何对协议条款所作的修改和补充都不能免除我行按本保函所应承担的义务。

本保函自(生效日期)之日起生效，至(失效日期)之日失效，除非你方提前终止或解除本保函。本保函到期后，无论正本是否退回我行，该保函自动失效。

担保银行：____(全称)(盖章)____

法定代表人
或其授权的代理人：____(签字)____

日期：________年______月______日

注：监理人在获得发包人书面同意后，可采用银行提供的保函格式，其主要内容须与本保函内容原则一致。

第十三篇　支付担保保函格式

支付担保保函

致：(监理人全称)

鉴于(发包人全称)(以下称“发包人”)与(监理人全称)(以下称“监理人”)已签订＿＿＿＿＿＿项目＿＿＿＿＿＿工程第＿＿监理合同段的监理合同协议书，并保证按协议约定支付监理服务费用，我们愿出具保函为发包人提供担保，金额为人民币(大写)＿＿＿＿元(¥＿＿＿＿)。

本保函的义务是：我们在接到监理人提出的因发包人在履行监理合同过程中，未能履行或违背监理合同约定的支付责任和义务而要求索赔的书面通知和付款凭证后的14日内，在上述担保的限额内，向监理人支付任何数额的款项，无须监理人出具证明或陈述理由。

在向我行提出要求前，我行将不坚持要求监理人应首先向发包人索要上述款项。我行还同意，任何对协议条款所作的修改和补充都不能免除我行按本保函所应承担的义务。

本保函自(生效日期)之日起生效，至(失效日期)之日失效，除非你方提前终止或解除本保函。保函失效后请将本保函退回我方注销。

担保银行：＿＿(全称)(盖章)＿＿

法定代表人
或其授权的代理人：＿＿(签字)＿＿

日期：＿＿＿＿年＿＿＿月＿＿＿日

第　四　卷

第十四篇　图纸和资料

（相关图纸、资料、文件应列入此卷，供投标人编制投标文件时参考）

附　　录

1.工程建设项目招标范围和规模标准规定

(2000年5月1日　国家发展计划委员会令第3号)

第一条　为了确定必须进行招标的工程建设项目的具体范围和规模标准,规范招标投标活动,根据《中华人民共和国招标投标法》第三条的规定,制定本规定。

第二条　关系社会公共利益、公众安全的基础设施项目的范围包括:

(一)煤炭、石油、天然气、电力、新能源等能源项目;

(二)铁路、公路、管道、水运、航空以及其他交通运输业等交通运输项目;

(三)邮政、电信枢纽、通信、信息网络等邮电通讯项目;

(四)防洪、灌溉、排涝、引(供)水、滩涂治理、水土保持、水利枢纽等水利项目;

(五)道路、桥梁、地铁和轻轨交通、污水排放及处理、垃圾处理、地下管道、公共停车场等城市设施项目;

(六)生态环境保护项目;

(七)其他基础设施项目。

第三条　关系社会公共利益、公众安全的公用事业项目的范围包括:

(一)供水、供电、供气、供热等市政工程项目;

(二)科技、教育、文化等项目;

(三)体育、旅游等项目;

(四)卫生、社会福利等项目;

(五)商品住宅,包括经济适用住房;

(六)其他公用事业项目。

第四条　使用国有资金投资项目的范围包括:

(一)使用各级财政预算资金的项目;

(二)使用纳入财政管理的各种政府性专项建设基金的项目;

(三)使用国有企业事业单位自有资金,并且国有资产投资者实际拥有控制权的项目。

第五条　国家融资项目的范围包括:

(一)使用国家发行债券所筹资金的项目;

(二)使用国家对外借款或者担保所筹资金的项目;

(三)使用国家政策性贷款的项目;

(四)国家授权投资主体融资的项目;

(五)国家特许的融资项目。

第六条 使用国际组织或者外国政府资金的项目的范围包括：

(一)使用世界银行、亚洲开发银行等国际组织贷款资金的项目；

(二)使用外国政府及其机构贷款资金的项目；

(三)使用国际组织或者外国政府援助资金的项目。

第七条 本规定第二条至第六条规定范围内的各类工程建设项目，包括项目的勘察、设计、施工、监理以及与工程建设有关的重要设备、材料等的采购，达到下列标准之一的，必须进行招标：

(一)施工单项合同估算价在200万元人民币以上的；

(二)重要设备、材料等货物的采购，单项合同估算价在100万元人民币以上的；

(三)勘察、设计、监理等服务的采购，单项合同估算价在50万元人民币以上的；

(四)单项合同估算价低于第(一)、(二)、(三)项规定的标准。但项目总投资额在3 000万元人民币以上的。

第八条 建设项目的勘察、设计，采用特定专利或者专有技术的，或者其建筑艺术造型有特殊要求的，经项目主管部门批准，可以不进行招标。

第九条 依法必须进行招标的项目，全部使用国有资金投资或者国有资金投资占控股或者主导地位的，应当公开招标。

招标投标活动不受地区、部门的限制，不得对潜在投标人实行歧视待遇。

第十条 省、自治区、直辖市人民政府根据实际情况，可以规定本地区必须进行招标的具体范围和规模标准，但不得缩小本规定确定的必须进行招标的范围。

第十一条 国家发展计划委员会可以根据实际需要，会同国务院有关部门对本规定确定的必须进行招标的具体范围和规模标准进行部分调整。

第十二条 本规定自发布之日起施行。

2. 评标委员会和评标方法暂行规定

（2001 年 7 月 5 日　国家计委等七部委令第 12 号）

第一章　总　　则

第一条　为了规范评标活动，保证评标的公平、公正，维护招标投标活动当事人的合法权益，依照《中华人民共和国招标投标法》，制定本规定。

第二条　本规定适用于依法必须招标项目的评标活动。

第三条　评标活动遵循公平、公正、科学、择优的原则。

第四条　评标活动依法进行，任何单位和个人不得非法干预或者影响评标过程和结果。

第五条　招标人应当采取必要措施，保证评标活动在严格保密的情况下进行。

第六条　评标活动及其当事人应当接受依法实施的监督。

有关行政监督部门依照国务院或者地方政府的职责分工，对评标活动实施监督，依法查处评标活动中的违法行为。

第二章　评标委员会

第七条　评标委员会依法组建，负责评标活动，向招标人推荐中标候选人或者根据招标人的授权直接确定中标人。

第八条　评标委员会由招标人负责组建。

评标委员会成员名单一般应于开标前确定。评标委员会成员名单在中标结果确定前应当保密。

第九条　评标委员会由招标人或其委托的招标代理机构熟悉相关业务的代表，以及有关技术、经济等方面的专家组成，成员人数为五人以上单数，其中技术、经济等方面的专家不得少于成员总数的三分之二。

评标委员会设负责人的，评标委员会负责人由评标委员会成员推举产生或者由招标人确定。评标委员会负责人与评标委员会的其他成员有同等的表决权。

第十条　评标委员会的专家成员应当从省级以上人民政府有关部门提供的专家名册或者招标代理机构的专家库内的相关专家名单中确定。

按前款规定确定评标专家，可以采取随机抽取或者直接确定的方式。一般项目，可以采取随机抽取的方式；技术特别复杂、专业性要求特别高或者国家有特殊要求的招标项目，采取随机抽取方式确定的专家难以胜任的，可以由招标人直接确定。

第十一条 评标专家应符合下列条件：

（一）从事相关专业领域工作满八年并具有高级职称或者同等专业水平；

（二）熟悉有关招标投标的法律法规，并具有与招标项目相关的实践经验；

（三）能够认真、公正、诚实、廉洁地履行职责。

第十二条 有下列情形之一的，不得担任评标委员会成员：

（一）投标人或者投标人主要负责人的近亲属；

（二）项目主管部门或者行政监督部门的人员；

（三）与投标人有经济利益关系，可能影响对投标公正评审的；

（四）曾因在招标、评标以及其他招标有关活动中从事违法行为而受过行政处罚或刑事处罚的。

评标委员会成员有前款规定情形之一的，应当主动提出回避。

第十三条 评标委员会成员应当客观、公正地履行职责，遵守职业道德，对所提出的评审意见承担个人责任。

评标委员会成员不得与任何投标人或者与招标结果有利害关系的人进行私下接触，不得收受投标人、中介人、其他利害关系人的财物或者其他好处。

第十四条 评标委员会成员和与评标活动有关的工作人员不得透露对投标文件的评审和比较、中标候选人的推荐情况以及与评标有关的其他情况。

前款所称与评标活动有关的工作人员，是指评标委员会成员以外的因参与评标监督工作或者事务性工作而知悉有关评标情况的所有人员。

第三章　评标的准备与初步评审

第十五条 评标委员会成员应当编制供评标使用的相应表格认真研究招标文件，至少应了解和熟悉以下内容：

（一）招标的目标；

（二）招标项目的范围和性质；

（三）招标文件中规定的主要技术要求、标准和商务条款；

（四）招标文件规定的评标标准、评标方法和在评标过程中考虑的相关因素。

第十六条 招标人或者其委托的招标代理机构应当向评标委员会提供评标所需的重要信息和数据。

招标人设有标底的，标底应当保密，并在评标时作为参考。

第十七条 评标委员会应当根据招标文件规定的评标标准和方法，对投标文件进行系统地评审和比较。招标文件中没有规定的标准和方法不得作为评标的依据。

招标文件中规定的评标标准和评标方法应当合理，不得含有倾向或者排斥潜在投标人的内容，不得妨碍或者限制投标人之间的竞争。

第十八条 评标委员会应当按照投标报价的高低或者招标文件规定的其他方法对投标文件排序,以多种货币报价的,应当按照中国银行在开标日公布的汇率中间价换算成人民币。

招标文件应当对汇率标准和汇率风险作出规定。未作规定的,汇率风险由投标人承担。

第十九条 评标委员会可以书面方式要求投标人对投标文件中含义不明确、对同类问题表述不一致或者有明显文字和计算错误的内容作必要的澄清、说明或者补正。澄清、说明或者补正应以书面方式进行并不得超出投标文件的范围或者改变投标文件的实质性内容。

投标文件中的大写金额和小写金额不一致的,以大写金额为准;总价金额与单价金额不一致的,以单价金额为准,但单价金额小数点有明显错误的除外;对不同文字文本投标文件的解释发生异议的,以中文文本为准。

第二十条 在评标过程中,评标委员会发现投标人以他人的名义投标、串通投标、以行贿手段谋取中标或者以其他弄虚作假方式投标的,该投标人的投标应作废标处理。

第二十一条 在评标过程中,评标委员会发现投标人的报价明显低于其他投标报价或者在设有标底时明显低于标底,使得其投标报价可能低于其个别成本的,应当要求该投标人作出书面说明并提供相关证明材料。投标人不能合理说明或者不能提供相关证明材料的,由评标委员会认定该投标人以低于成本报价竞标,其投标应作废标处理。

第二十二条 投标人资格条件不符合国家有关规定和招标文件要求的,或者拒不按照要求对投标文件进行澄清、说明或者补正的,评标委员会可以否决其投标。

第二十三条 评标委员会应当审查每一投标文件是否对招标文件提出的所有实质性要求和条件作出响应。未能在实质上响应的投标,应作废标处理。

第二十四条 评标委员会应当根据招标文件,审查并逐项列出投标文件的全部投标偏差。

投标偏差分为重大偏差和细微偏差。

第二十五条 下列情况属于重大偏差:

(一)没有按照招标文件要求提供投标担保或者所提供的投标担保有瑕疵;

(二)投标文件没有投标人授权代表签字和加盖公章;

(三)投标文件载明的招标项目完成期限超过招标文件规定的期限;

(四)明显不符合技术规格、技术标准的要求;

(五)投标文件载明的货物包装方式、检验标准和方法等不符合招标文件的要求;

(六)投标文件附有招标人不能接受的条件;

(七)不符合招标文件中规定的其他实质性要求。

投标文件有上述情形之一的,为未能对招标文件作出实质性响应,并按本规定第二十三条规定作废标处理。招标文件对重大偏差另有规定的,从其规定。

第二十六条 细微偏差是指投标文件在实质上响应招标文件要求,但在个别地方存在漏项或者提供了不完整的技术信息和数据等情况,并且补正这些遗漏或者不完整不会对其他投标人造成不公平的结果。细微偏差不影响投标文件的有效性。

评标委员会应当书面要求存在细微偏差的投标人在评标结束前予以补正。拒不补正的，在详细评审时可以对细微偏差作不利于该投标人的量化，量化标准应当在招标文件中规定。

第二十七条 评标委员会根据本规定第二十条、二十一条、第二十二条、第二十三条、第二十五条的规定否决不合格投标或者界定为废标后，因有效投标不足三个使得投标明显缺乏竞争的，评标委员会可以否决全部投标。

投标人少于三个或者所有投标被否决的，招标人应当依法重新招标。

第四章 详细评审

第二十八条 经初步评审合格的投标文件，评标委员会应当根据招标文件确定的评标标准和方法，对其技术部分和商务部分作进一步评审、比较。

第二十九条 评标方法包括经评审的最低投标价法、综合评估法或者法律、行政法规允许的其他评标方法。

第三十条 经评审的最低投标价法一般适用于具有通用技术、性能标准或者招标人对其技术、性能没有特殊要求的招标项目。

第三十一条 根据经评审的最低投标价法，能够满足招标文件的实质性要求，并且经评审的最低投标价的投标，应当推荐为中标候选人。

第三十二条 采用经评审的最低投标价法的，评标委员会应当根据招标文件中规定的评标价格调整方法，对所有投标人的投标报价以及投标文件的商务部分作必要的价格调整。

采用经评审的最低投标价法的，中标人的投标应当符合招标文件规定的技术要求和标准，但评标委员会无需对投标文件的技术部分进行价格折算。

第三十三条 根据经评审的最低投标价法完成详细评审后，评标委员会应当拟定一份“标价比较表”，连同书面评标报告提交招标人。“标价比较表”应当载明投标人的投标报价、对商务偏差的价格调整和说明以及经评审的最终投标价。

第三十四条 不宜采用经评审的最低投标价法的招标项目，一般应当采取综合评估法进行评审。

第三十五条 根据综合评估法，最大限度地满足招标文件中规定的各项综合评价标准的投标，应当推荐为中标候选人。

衡量投标文件是否最大限度地满足招标文件中规定的各项评价标准，可以采取折算为货币的方法、打分的方法或者其他方法。需量化的因素及其权重应当在招标文件中明确规定。

第三十六条 评标委员会对各个评审因素进行量化时，应当将量化指标建立在同一基础或者同一标准上，使各投标文件具有可比性。

对技术部分和商务部分进行量化后，评标委员会应当对这两部分的量化结果进行加权，计算出每一投标的综合评估价或者综合评估分。

第三十七条 根据综合评估法完成评标后，评标委员会应当拟定一份“综合评估比较表”，连同书面评标报告提交招标人。“综合评估比较表”应当载明投标人的投标报价、所作的任何修正、对商务偏差的调整、对技术偏差的调整、对各评审因素的评估以及对每一投标的最终评审结果。

第三十八条 根据招标文件的规定，允许投标人投备选标的，评标委员会可以对中标人所投的备选标进行评审，以决定是否采纳备选标。不符合中标条件的投标人的备选标不予考虑。

第三十九条 对于划分有多个单项合同的招标项目，招标文件允许投标人为获得整个项目合同而提出优惠的，评标委员会可以对投标人提出的优惠进行审查，以决定是否将招标项目作为一个整体合同授予中标人。将招标项目作为一个整体合同授予的，整体合同中标人的投标应当最有利于招标人。

第四十条 评标和定标应当在投标有效期结束日30个工作日前完成。不能在投标有效期结束日30个工作日前完成评标和定标的，招标人应当通知所有投标人延长投标有效期。拒绝延长投标有效期的投标人有权收回投标保证金。同意延长投标有效期的投标人应当相应延长其投标担保的有效期，但不得修改投标文件的实质性内容。因延长投标有效期造成投标人损失的，招标人应当给予补偿，但因不可抗力需延长投标有效期的除外。

招标文件应当载明投标有效期。投标有效期从提交投标文件截止日起计算。

第五章 推荐中标候选人与定标

第四十一条 评标委员会在评标过程中发现的问题，应当及时作出处理或者向招标人提出处理建议，并作书面记录。

第四十二条 评标委员会完成评标后，应当向招标人提出书面评标报告，并抄送有关行政监督部门。评标报告应当如实记载以下内容：

（一）基本情况和数据表；

（二）评标委员会成员名单；

（三）开标记录；

（四）符合要求的投标一览表；

（五）废标情况说明；

（六）评标标准、评标方法或者评标因素一览表；

（七）经评审的价格或者评分比较一览表；

（八）经评审的投标人排序；

（九）推荐的中标候选人名单与签订合同前要处理的事宜；

（十）澄清、说明补正事项纪要。

第四十三条 评标报告由评标委员会全体成员签字。对评标结论持有异议的评标委员会成员可以书面方式阐述其不同意见和理由。评标委员会成员拒绝在评标报告上签字且不陈述其不同意见和理由的，视为同意评标结论。评标委员会应当对此作出书面说明并记录在案。

第四十四条 向招标人提交书面评标报告后，评标委员会即告解散。评标过程中使用的文件、表格以及其他资料应当即时归还招标人。

第四十五条 评标委员会推荐的中标候选人应当限定在一至三人，并标明排列顺序。

第四十六条 中标人的投标应当符合下列条件之一：

（一）能够最大限度满足招标文件中规定的各项综合评价标准；

（二）能够满足招标文件的实质性要求，并且经评审的投标价格最低；但是投标价格低于成本的除外。

第四十七条 在确定中标人之前，招标人不得与投标人就投标价格、投标方案等实质性内容进行谈判。

第四十八条 使用国有资金投资或者国家融资的项目，招标人应当确定排名第一的中标候选人为中标人。排名第一的中标候选人放弃中标、因不可抗力提出不能履行合同，或者招标文件规定应当提交履约担保而在规定的期限内未能提交的，招标人可以确定排名第二的中标候选人为中标人。

排名第二的中标候选人因前款规定的同样原因不能签订合同的，招标人可以确定排名第三的中标候选人为中标人。

招标人可以授权评标委员会直接确定中标人。

国务院对中标人的确定另有规定的，从其规定。

第四十九条 中标人确定后，招标人应当向中标人发出中标通知书，同时通知未中标人，并与中标人在30个工作日之内签订合同。

第五十条 中标通知书对招标人和中标人具有法律约束力。中标通知书发出后，招标人改变中标结果或者中标人放弃中标的，应当承担法律责任。

第五十一条 招标人应当与中标人按照招标文件和中标人的投标文件订立书面合同。招标人与中标人不得再行订立背离合同实质性内容的其他协议。

第五十二条 招标人与中标人签订合同后5个工作日内，应当向中标人和未中标的投标人退还投标保证金。

第六章 罚 则

第五十三条 评标委员会成员在评标过程中擅离职守，影响评标程序正常进行，或者在评标过程中不能客观公正地履行职责的，给予警告；情节严重的，取消担任评标委员会成员的资格，不得再参加任何依法必须进行招标项目的评标，并处一万元以下的罚款。

第五十四条 评标委员会成员收受投标人、其他利害关系人的财物或者其他好处的，评标委员会成员或者与评标活动有关的工作人员向他人透露对投标文件的评审和比较、中标候选人的推荐以及与评标有关的其他情况的，给予警告，没收收受的财物，可以并处三千元以上五万元以下的罚款；对有所列违法行为的评标委员会成员取消担任评标委员会成员的资格，不得再参加任何依法必须进行招标项目的评标；构成犯罪的，依法追究刑事责任。

第五十五条 招标人在评标委员会依法推荐的中标候选人以外确定中标人的，依法必须进行招标项目在所有投标被评标委员会否决后自行确定中标人的，中标无效。责令改正，可以处中标项目金额千分之五以上千分之十以下的罚款；对单位直接负责的主管人员和其他直接责任人员依法给予处分。

第五十六条 招标人与中标人不按照招标文件和中标人的投标文件订立合同的，或者招标人、中标人订立背离合同实质性质内容的协议，责令改正；可以处中标项目金额千分之五以上千分之十以下的罚款。

第五十七条 中标人不与招标人订立合同的，投标保证金不予退还并取消其中标资格，给招标人造成的损失超过投标保证金数额的，应当对超过部分予以赔偿；没有提交投标保证金的，应当对招标人的损失承担赔偿责任。

招标人迟迟不确定中标人或者无正当理由不与中标人签订合同的，给予警告，根据情节可处一万元以下的罚款；造成中标人损失的，并应当赔偿损失。

第七章　附　　则

第五十八条 依法必须招标项目以外的评标活动，参照本规定执行。

第五十九条 使用国际组织或者外国政府贷款、援助资金的招标项目的评标活动，贷款方、资金提供方对评标委员会与评标方法另有规定的，适用其规定，但违背中华人民共和国的社会公共利益的除外。

第六十条 本规定颁布前有关评标机构和评标方法的规定与本规定不一致的，以本规定为准。法律或者行政法规另有规定的，从其规定。

第六十一条 本规定由国家发展计划委员会会同有关部门负责解释。

第六十二条 本规定自发布之日起施行。

3. 国家发展改革委、建设部关于印发《建设工程监理与相关服务收费管理规定》的通知

发改价格[2007]670 号

国务院有关部门,各省、自治区、直辖市发展改革委、物价局、建设厅(委):

为规范建设工程监理及相关服务收费行为,维护委托双方合法权益,促进工程监理行业健康发展,我们制定了《建设工程监理与相关服务收费管理规定》,现印发给你们,自 2007 年 5 月 1 日起执行。原国家物价局、建设部下发的《关于发布工程建设监理费有关规定的通知》(〔1992〕价费字 479 号)自本规定生效之日起废止。

附:建设工程监理与相关服务收费管理规定

国家发展改革委　　建　设　部

二〇〇七年三月三十日

主题词:工程　监理　收费　通知

建设工程监理与相关服务收费管理规定

第一条 为规范建设工程监理与相关服务收费行为，维护发包人和监理人的合法权益，根据《中华人民共和国价格法》及有关法律、法规，制定本规定。

第二条 建设工程监理与相关服务，应当遵循公开、公平、公正、自愿和诚实信用的原则。依法须招标的建设工程，应通过招标方式确定监理人。监理服务招标应优先考虑监理单位的资信程度、监理方案的优劣等技术因素。

第三条 发包人和监理人应当遵守国家有关价格法律法规的规定，接受政府价格主管部门的监督、管理。

第四条 建设工程监理与相关服务收费根据建设项目性质不同情况，分别实行政府指导价或市场调节价。依法必须实行监理的建设工程施工阶段的监理收费实行政府指导价；其他建设工程施工阶段的监理收费和其他阶段的监理与相关服务收费实行市场调节价。

第五条 实行政府指导价的建设工程施工阶段监理收费，其基准价根据《建设工程监理与相关服务收费标准》计算，浮动幅度为上下20%。发包人和监理人应当根据建设工程的实际情况在规定的浮动幅度内协商确定收费额。实行市场调节价的建设工程监理与相关服务收费，由发包人和监理人协商确定收费额。

第六条 建设工程监理与相关服务收费，应当体现优质优价的原则。在保证工程质量的前提下，由于监理人提供的监理与相关服务节省投资，缩短工期，取得显著经济效益的，发包人可根据合同约定奖励监理人。

第七条 监理人应当按照《关于商品和服务实行明码标价的规定》，告知发包人有关服务项目、服务内容、服务质量、收费依据以及收费标准。

第八条 建设工程监理与相关服务的内容、质量要求和相应的收费金额以及支付方式，由发包人和监理人在监理与相关服务合同中约定。

第九条 监理人提供的监理与相关服务，应当符合国家有关法律、法规和标准规范，满足合同约定的服务内容和质量等要求。监理人不得违反标准规范规定或合同约定，通过降低服务质量、减少服务内容等手段进行恶性竞争，扰乱正常市场秩序。

第十条 由于非监理人原因造成建设工程监理与相关服务工作量增加或减少的，发包人应当按照合同约定与监理人协商另行支付或扣减相应的监理与相关服务费用。

第十一条 由于监理人原因造成监理与相关服务工作量增加的，发包人不另行支付监理与相关服务费用。

监理人提供的监理与相关服务不符合国家有关法律、法规和标准规范的，提供的监理服务人员、执业水平和服务时间未达到监理工作要求的，不能满足合同约定的服务内容和质量等要求的，发包人可按合同约定扣减相应的监理与相关服务费用。

由于监理人工作失误给发包人造成经济损失的，监理人应当按照合同约定依法承担相应赔偿责任。

第十二条 违反本规定和国家有关价格法律、法规规定的，由政府价格主管部门依据《中华人民共和国价格法》、《价格违法行为行政处罚规定》予以处罚。

第十三条 本规定及所附《建设工程监理与相关服务收费标准》，由国家发展改革委会同建设部负责解释。

第十四条 本规定自2007年5月1日起施行，规定生效之日前已签订服务合同及在建项目的相关收费不再调整。原国家物价局与建设部联合发布的《关于发布工程建设监理费有关规定的通知》(〔1992〕价费字479号)同时废止。国务院有关部门及各地制定的相关规定与本规定相抵触的，以本规定为准。

附件：建设工程监理与相关服务收费标准

附件：

建设工程监理与相关服务收费标准

1　总则

1.0.1　建设工程监理与相关服务是指监理人接受发包人的委托，提供建设工程施工阶段的质量、进度、费用控制管理和安全生产监督管理、合同、信息等方面协调管理服务，以及勘察、设计、保修等阶段的相关服务；各阶段的工作内容见《建设工程监理与相关服务的主要工作内容》(附表一)。

1.0.2　建设工程监理与相关服务收费包括建设工程施工阶段的工程监理(以下简称“施工监理”)服务收费和勘察、设计、保修等阶段的相关服务(以下简称“其他阶段的相关服务”)收费。

1.0.3　铁路、水运、公路、水电、水库工程的施工监理服务收费按建筑安装工程费分档定额计费方式计算收费。其他工程的施工监理服务收费按照建设项目工程概算投资额分档定额计费方式计算收费。

1.0.4　其他阶段的相关服务收费一般按相关服务工作所需工日和《建设工程监理与相关服务人员人工日费用标准》(附表四)收费。

1.0.5　施工监理服务收费按照下列公式计算：

(1)施工监理服务收费 = 施工监理服务收费基准价 × (1 ± 浮动幅度值)

(2)施工监理服务收费基准价 = 施工监理服务收费基价 × 专业调整系数 × 工程复杂程度调整系数 × 高程调整系数

1.0.6　施工监理服务收费基价

施工监理服务收费基价是完成国家法律法规、规范规定的施工阶段监理基本服务内容的价格。施工监理服务收费基价按《施工监理服务收费基价表》(附表二)确定，计费额处于两个数值区间的，采用直线内插法确定施工监理服务收费基价。

1.0.7　施工监理服务收费基价

施工监理服务收费基价是完成国家法律法规、行业规范规定的基价和1.0.5(2)计算出的施工监理服务基准收费额。发包人与监理人根据项目的实际情况，在规定的浮动幅度范围内协商确定施工监理服务收费合同额。

1.0.8　施工监理服务收费的计费额

施工监理服务收费以建设项目工程概算投资额分档定额计费方式收费的，其计费额为工程概算中的建筑安装工程费、设备购置费和联合试运转费之和,即工程概算投资额。对设备购置费和联合试运转费占工程概算投资额40%以上的工程项目,其建筑安装工程费全部计入计费额,设备购置费和联合试运转费按40%的比例计入计费额。但其计费额不应小于建筑安装工程费与其相同且设备购置费和联合试运转费等于工程概算投资额40%的工程项目的计费额。

工程中有利用原有设备并进行安装调试服务的,以签订工程监理合同时同类设备的当期价格作为施工监理服务收费的计费额;工程中有缓配设备的,应扣除签订监理合同时同类设备的当期价格作为施工监理服务收费的计费额;工程中有引进设备的,按照购进设备的离岸价格折换成人民币作为施工监理服务收费的计费额。

施工监理服务收费以建筑安装工程费分档定额计费方式收费的,其计费额为工程概算中的建筑安装工程费。

作为施工监理服务收费计费额的建设项目工程概算投资额或建筑安装工程费均指每个监理合同中约定的工程项目范围的计费额。

1.0.9 施工监理服务收费调整系数

施工监理服务收费调整系数包括:专业调整系数、工程复杂程度调整系数和高程调整系数。

(1)专业调整系数是对不同专业建设工程的施工监理工作复杂程度和工作量差异进行调整的系数。计算施工监理服务收费时,专业调整系数在《施工监理服务收费专业调整系数表》(附表三)中查找确定。

(2)工程复杂程度调整系数是对同一专业不同建设工程项目的施工监理复杂程度和工作量差异进行调整的系数。工程复杂程度分为一般、较复杂和复杂三个等级,其调整系数分别为:一般(I级)0.85;较复杂(II级)1.0;复杂(III级)1.15。计算施工监理服务收费时,工程复杂程度在相应章节的《工程复杂程度表》中查找确定。

(3)高程调整系数如下:

海拔高程2 001m以下的为1;

海拔高程2 001~3 000m为1.1;

海拔高程3 001~3 500m为1.2;

海拔高程3 501~4 000m为1.3;

海拔高程4 001m以上的,高程调整系数由发包人和监理人协商确定。

1.0.10 发包人将施工监理服务中的某一部分工作单独发包给监理人,按照其占施工监理服务工作量的比例计算施工监理服务收费,其中质量控制和安全生产监督管理服务收费不宜低于施工监理服务收费额的70%。

1.0.11 建设工程项目施工监理服务由两个或者两个以上监理人承担的,各监理人按照其占施工监理服务工作量的比例计算施工监理服务收费。发包人委托其中一个监理人对建设工程项目施工监理服务总负责的,该监理人按照各监理人合计监理服务收费额的4%~6%

向发包人加收总体协调费。

1.0.12　本收费标准不包括本总则1.0.1以外的其他服务收费。其他服务收费，国家有规定的，从其规定；国家没有规定的，由发包人与监理人协商确定。

2　矿山采选工程

2.1　矿山采选工程范围

适用于有色金属、黑色冶金、化学、非金属、黄金、铀、煤炭以及其他矿种采选工程。

2.2　矿山采选工程复杂程度

2.2.1　采矿工程

采矿工程复杂程度表　　表2.2-1

等　级	工程特征
I级	1. 地形、地质、水文条件简单； 2. 煤层、煤质稳定，全区可采，无岩浆岩侵入，无自然发火的矿井工程； 3. 立井筒垂深<300m，斜井筒斜长<500m； 4. 矿田地形为I、II类，煤层赋存条件属I、II类，可采煤层2层及以下，煤层埋藏深度<100m，采用单一开采工艺的煤炭露天采矿工程； 5. 两种矿石品种，有分采、分贮、分运设施的露天采矿工程； 6. 矿体埋藏垂深<120m的山坡与深凹露天矿； 7. 矿石品种单一，斜井，平硐溜井，主、副、风井条数<4条的矿井工程
II级	1. 地形、地质、水文条件较复杂； 2. 低瓦斯、偶见少量岩浆岩、自然发火倾向小的矿井工程； 3. 300m≤立井筒垂深<800m，500m≤斜井筒斜长<1 000m，表土层厚度<300m； 4. 矿田地形为III类及以上，煤层赋存条件属III类，煤层结构复杂，可采煤层多于2层，煤层埋藏深度≥100m，采用综合开采工艺的煤炭露天采矿工程； 5. 有两种矿石品种，主、副、风井条数≥4条，有分采、分贮、分运设施的矿井工程； 6. 两种以上开拓运输方式，多采场的露天矿； 7. 矿体埋藏垂深≥120m的深凹露天矿； 8. 采金工程
III级	1. 地形、地质、水文条件复杂； 2. 水患严重、有岩浆岩侵入、有自然发火危险的矿井工程； 3. 地压大，地温局部偏高，煤尘具爆炸性，高瓦斯矿井，煤层及瓦斯突出的矿井工程； 4. 立井筒垂深≥800m，斜井筒斜长≥1 000m，表土层厚度≥300m； 5. 开采运输系统复杂，斜井胶带，联合开拓运输系统，有复杂的疏干、排水系统及设施； 6. 两种以上矿石品种，有分采、分贮、分运设施，采用充填采矿法或特殊采矿法的各类采矿工程； 7. 铀矿采矿工程

2.2.2 选矿工程

选矿工程复杂程度表 表2.2-2

等级	工程特征
Ⅰ级	1. 新建筛选厂(车间)工程; 2. 处理易选矿石,单一产品及选矿方法的选矿工程
Ⅱ级	1. 新建和改扩建入洗下限≥25mm选煤厂工程; 2. 两种矿产品及选矿方法的选矿工程
Ⅲ级	1. 新建和改扩建入洗下限<25mm选煤厂、水煤浆制备及燃烧应用工程; 2. 两种以上矿产品及选矿方法的选矿工程

3 加工冶炼工程

3.1 加工冶炼工程范围

适用于机械、船舶、兵器、航空、航天、电子、核加工、轻工、纺织、商物粮、建材、钢铁、有色等各类加工工程,钢铁、有色等冶炼工程。

3.2 加工冶炼工程复杂程度

加工冶炼工程复杂程度表 表3.2-1

等级	工程特征
Ⅰ级	1. 一般机械辅机及配套厂工程; 2. 船舶辅机及配套厂,船舶普航仪器厂,吊车道工程; 3. 防化民爆工程、光电工程; 4. 文体用品、玩具、工艺美术品、日用杂品、金属制品厂等工程; 5. 针织、服装厂工程; 6. 小型林产加工工程; 7. 小型冷库、屠宰厂、制冰厂,一般农业(粮食)与内贸加工工程; 8. 普通水泥、砖瓦水泥制品厂工程; 9. 一般简单加工及冶炼辅助单体工程和单体附属工程; 10. 小型、技术简单的建筑铝材、铜材加工及配套工程
Ⅱ级	1. 试验站(室)、试车台、计量检测站、自动化立体和多层仓库工程,动力、空分等站房工程; 2. 造船厂、修船厂、坞修车间、船台滑道、船模试验水池、海洋开发工程设备厂、水声设备及水中兵器厂工程; 3. 坦克装甲车车辆、枪炮工程; 4. 航空装配厂、维修厂、辅机厂,航空、航天试验测试及零部件厂,航天产品部装厂工程; 5. 电子整机及基础产品项目工程,显示器件项目工程; 6. 食品发酵烟草工程、制糖工程、制盐及盐化工工程、皮革毛皮及其制品工程、家电及日用机械工程、日用硅酸盐工程; 7. 纺织工程

续上表

等级	工 程 特 征
II 级	8. 林产加工工程； 9. 商物粮加工工程； 10. <2 000t/d 的水泥生产线，普通玻璃、陶瓷、耐火材料工程、特种陶瓷生产线工程，新型建筑材料工程； 11. 焦化、耐火材料、烧结球团及辅助、加工和配套工程、有色、钢铁冶炼等辅助、加工和配套工程
III 级	1. 机械主机制造厂工程； 2. 船舶工业特种涂装车间，干船坞工程； 3. 火炸药及火工品工程，弹箭引信工程； 4. 航空主机厂、航天产品总装厂工程； 5. 微电子产品项目工程，电子特种环境工程，电子系统工程； 6. 核燃料元/组件、铀浓缩、核技术及同位素应用工程； 7. 制浆造纸工程，日用化工工程； 8. 印染工程； 9. ≥2 000t/d 的水泥生产线，浮法玻璃生产线； 10. 有色、钢铁冶炼(含连铸)工程，轧钢工程

4 石油化工工程

4.1 石油化工工程范围

适用于石油、天然气、石油化工、化工、火化工、核化工、化纤、医药工程。

4.2 石油化工工程复杂程度

石油化工工程复杂程度表 表 4.2-1

等级	工 程 特 征
I 级	1. 油气田井口装置和内部集输管线，油气计量站、接转站等场站，总容积 < 50 000m³ 或品种 <5 种的独立油库工程； 2. 平原微丘陵地区长距离油、气、水煤浆等各种介质的输送管道和中间场站工程； 3. 无机盐、橡胶制品、混配肥工程； 4. 石油化工工程的辅助生产设施和公用工程
II 级	1. 油气田原油脱水转油站、油气水联合处理站，总容积≥50 000 m³ 或品种≥5 种的独立油库，天然气处理和轻烃回收厂站，三次采油回注水处理工程，硫磺回收及下游装置，稠油及三次采油联合处理站，油气田天然气液化及提氦、地下储气库

续上表

等级	工 程 特 征
II 级	2. 山区沼泽地带长距离油、气、水煤浆等各种介质的输送管道和首站、末站、压气站、调度中心工程； 3. 500 万吨/年以下的常减压蒸馏及二次加工装置，丁烯氧化脱氢、MTBE、丁二烯抽提、乙腈生产装置工程； 4. 磷肥、农药、精细化工、生物化工、化纤工程； 5. 医药工程； 6. 冷冻、脱盐、联合控制室、中高压热力站、环境监测、工业监视、三级污水处理工程
III 级	1. 海上油气田工程； 2. 长输管道的穿跨越工程； 3. 500 万吨/年以上的常减压蒸馏及二次加工装置，芳烃抽提、芳烃(PX)，乙烯、精对苯二甲酸等单体原料，合成材料，LPG、LNG 低温储存运输设施工程； 4. 合成氨、制酸、制碱、复合肥、火化工、煤化工工程； 5. 核化工、放射性药品工程

5　水利电力工程

5.1　水利电力工程范围

适用于水利、发电、送电、变电、核能工程。

5.2　水利电力工程复杂程度

5.2.1　水利、发电、送电、变电、核能工程

水利、发电、送电、变电、核能工程复杂程度表　　表 5.2-1

等级	工 程 特 征
I 级	1. 单机容量 200MW 及以下凝汽式机组发电工程，燃气轮机发电工程，50MW 及以下供热机组发电工程； 2. 电压等级 220kV 及以下的送电、变电工程； 3. 最大坝高 <70m，边坡高度 <50m，基础处理深度 <20m 的水库水电工程； 4. 施工明渠导流建筑物与土石围堰； 5. 总装机容量 <50MW 的水电工程； 6. 单洞长度 <1km 的隧洞； 7. 无特殊环保要求
II 级	1. 单机容量 300MW ~ 600MW 凝汽式机组发电工程，单机容量 50MW 以上供热机组发电工程，新能源发电工程(可再生能源、风电、潮汐等)； 2. 电压等级 330kV 的送电、变电工程； 3. 70m $\leq$ 最大坝高 <100 或 1000 万 $m^3 \leq$ 库容 <1 亿 m^3 的水库水电工程

续上表

等级	工 程 特 征
II 级	4. 地下洞室的跨度 <15m,50m≤边坡高度 <100 m,20m≤基础处理深度 <40 m 的水库水电工程; 5. 施工隧洞导流建筑物(洞径 <10 m)或混凝土围堰(最大堰高 <20 m); 6. 50 MW ≤总装机容量 <1 000MW 的水电工程; 7. 1km≤单洞长度 <4km 的隧洞; 8. 工程位于省级重点环境(生态)保护区内,或毗邻省级重点环境(生态)保护区,有较高的环保要求
III 级	1. 单机容量 600MW 以上凝汽式机组发电工程; 2. 换流站工程,电压等级≥500kV 送电、变电工程; 3. 核能工程; 4. 最大坝高≥100 m 或库容≥1 亿 m^3 的水库水电工程; 5. 地下洞室的跨度≥15m,边坡高度≥100m,基础处理深度≥40 m 的水库水电工程; 6. 施工隧洞导流建筑物(洞径≥10m)或混凝土围堰(最大堰高≥20m); 7. 总装机容量≥1 000MW 的水库水电工程; 8. 单洞长度≥4km 的水工隧洞; 9. 工程位于国家级重点环境(生态)保护区内,或毗邻国家级重点环境(生态)保护区,有特殊的环保要求

5.2.2 其他水利工程

其他水利工程复杂程度表 表 5.2-2

等级	工 程 特 征
I 级	1. 流量 <15m^3/s 的引调水渠道管线工程; 2. 堤防等级 V 级的河道治理建(构)筑物及河道堤防工程; 3. 灌区田间工程; 4. 水土保持工程
II 级	1. 15m^3/s≤流量 <25m^3/s 引调水渠道管线工程; 2. 引调水工程中的建筑物工程; 3. 丘陵、山区、沙漠地区的引调水渠道管线工程; 4. 堤防等级 III、IV 级的河道治理建(构)筑物及河道堤防工程
III 级	1. 流量≥25m^3/s 的的引调水渠道管线工程; 2. 丘陵、山区、沙漠地区的引调水建筑物工程; 3. 堤防等级 I、II 级的河道治理建(构)筑物及河道堤防工程; 4. 护岸、防波堤、围堰、人工岛、围垦工程,城镇防洪、河口整治工程

6　交通运输工程

6.1　交通运输工程范围

适用于铁路、公路、水运、城市交通、民用机场、索道工程。

6.2　交通运输工程复杂程度

6.2.1　铁路工程

铁路工程复杂程度表　　表6.2-1

等级	工 程 特 征
I级	II、III、IV级铁路
II级	1. 时速200km客货共线； 2. I级铁路； 3. 货运专线； 4. 独立特大桥； 5. 独立隧道
III级	1. 客运专线； 2. 技术特别复杂的工程

注：1. 复杂程度调整系数I级为0.85，II级为1，III为0.95；

2. 复杂程度等级Ⅱ级的新建双线复杂程度调整系数为0.85。

6.2.2　公路、城市道路、轨道交通、索道工程

公路、城市道路、轨道交通、索道工程复杂程度表　　表6.2-2

等级	工 程 特 征
I级	1. 三级、四级公路及相应的机电工程； 2. 一级公路、二级公路的机电工程
II级	1. 一级公路、二级公路； 2. 高速公路的机电工程； 3. 城市道路、广场、停车场工程
III级	1. 高速公路工程； 2. 城市地铁、轻轨； 3. 客(货)运索道工程

注：穿越山岭重丘区的复杂程度II、III级公路工程项目的部分复杂程度调整系数分别为为1.1和1.26。

6.2.3　公路桥梁、城市桥梁和隧道工程

公路桥梁、城市桥梁和隧道工程复杂程度表 表 6.2-3

等级	工 程 特 征
Ⅰ级	1. 总长 < 1 000m 或单孔跨径 < 150m 的公路桥梁； 2. 长度 < 1 000m 的隧道工程； 3. 人行天桥、涵洞工程
Ⅱ级	1. 总长≥1 000m 或 150m≤单孔跨径 < 250m 的公路桥梁； 2. 1 000m≤长度 < 3 000m 的隧道工程； 3. 城市桥梁、分离式立交桥、地下通道工程
Ⅲ级	1. 主跨≥250m 拱桥，单跨≥250m 预应力混凝土连续结构，≥400m 斜拉桥，≥800m 悬索桥； 2. 连拱隧道、水底隧道、长度≥3 000m 的隧道工程； 3. 城市互通式立交桥

6.2.4 水运工程

水运工程复杂程度表 表 6.2-4

等级	工 程 特 征
Ⅰ级	1. 沿海港口、航道工程：码头 < 1 000t 级，航道 < 5 000t 级； 2. 内河港口、航道整治、通航建筑工程：码头、航道整治、船闸 < 100t 级； 3. 修造船厂水工工程：船坞、舾装码头 < 3 000t 级，船台、滑道船体重量 < 1 000t； 4. 各类疏浚、吹填、造陆工程
Ⅱ级	1. 沿海港口、航道工程：1 000t 级≤码头≤10 000t 级，5 000t 级≤航道 < 30 000t 级，护岸、引堤、防波堤等建筑物； 2. 油、气等危险品码头工程 < 1 000t 级； 3. 内河港口、航道整治、通航建筑工程：100t 级≤码头 < 1 000t 级，100t 级≤航道整治 < 1 000t 级，100t 级≤船闸 < 500t 级，升船机 < 300t 级； 4. 修造船厂水工工程：3 000t 级≤船坞、舾装码头 < 10 000t 级，1 000t≤船台、滑道船体重量 < 5 000t
Ⅲ级	1. 沿海港口、航道工程：码头≥10 000t 级，航道≥30 000t 级； 2. 油、气等危险品码头工程≥1 000t 级； 3. 内河港口、航道整治、通航建筑工程：码头、航道整治≥1 000t 级，船闸≥500t 级，升船机≥300t 级； 4. 航运（电）枢纽工程； 5. 修造船厂水工工程：船坞、舾装码头≥10 000t 级，船台、滑道船体重量≥5 000t； 6. 水上交通管制工程

6.2.5　民用机场工程

民用机场工程复杂程度表　　表 6.2-5

等级	工 程 特 征
Ⅰ级	3C 及以下场道、空中交通管制及助航灯光工程(项目单一或规模较小工程);
Ⅱ级	4C、4D 场道、空中交通管制及助航灯光工程(中等规模工程);
Ⅲ级	4E 及以上场道、空中交通管制及助航灯光工程(大型综合工程含配套措施)

注:工程项目规模划分标准见《民用机场飞行区技术标准》。

7　建筑市政工程

7.1　建筑市政工程范围

适用于建筑、人防、市政公用、园林绿化、电信、广播电视、邮政、电信工程。

7.2　建筑市政工程复杂程度

7.2.1　建筑、人防工程

建筑、人防工程复杂程度表　　表 7.2-1

等级	工 程 特 征
Ⅰ级	1. 高度 <24m 的公共建筑和住宅工程; 2. 跨度 <24m 厂房和仓储建筑工程; 3. 室外工程及简单的配套用房; 4. 高度 <70m 的高耸构筑物
Ⅱ级	1. 24m≤高度 <50m 的公共建筑工程; 2. 24m≤跨度 <36m 厂房和仓储建筑工程; 3. 高度≥24m 的住宅工程; 4. 仿古建筑,一般标准的古建筑、保护性建筑以及地下建筑工程; 5. 装饰、装修工程; 6. 防护级别为四级及以下的人防工程; 7. 70m≤高度 <120m 的高耸构筑物
Ⅲ级	1. 高度≥50m 的公共建筑工程或跨度≥36m 的厂房和仓储建筑工程; 2. 高标准的古建筑、保护性建筑; 3. 防护级别为四级以上的人防工程; 4. 高度≥120m 的高耸构筑物

7.2.2　市政公用、园林绿化工程

市政公用、园林绿化工程复杂程度表 表 7.2-2

等级	工 程 特 征
Ⅰ级	1. DN < 1.0m 的给排水地下管线工程; 2. 小区内燃气管道工程; 3. 小区供热管网工程, < 2MW 的小型换热站工程; 4. 小型垃圾中转站,简易堆肥工程
Ⅱ级	1. DN ≥ 1.0m 的给排水地下管线工程; < $3m^3/s$ 的给水、污水泵站; < 10 万 t/日给水厂工程, < 5 万 t/日污水处理厂工程; 2. 城市中、低压燃气管网(站), < 1 000m^3 液化气贮罐场(站); 3. 锅炉房,城市供热管网工程, ≥ 2MW 换热站工程; 4. ≥ 100t/天的大型垃圾中转站,垃圾填埋工程; 5. 园林绿化工程
Ⅲ级	1. ≥ $3m^3/s$ 的给水、污水泵站, ≥ 10 万 t/日给水厂工程, ≥ 5 万 t/日污水处理厂工程; 2. 城市高压燃气管网(站), ≥ 1 000m^3 液化气贮罐场(站); 3. 垃圾焚烧工程; 4. 海底排污管线,海水取排水、淡化及处理工程

7.2.3 广播电视、邮政、电信工程

广播电视、邮政、电信工程复杂程度表 表 7.2-3

等级	工 程 特 征
Ⅰ级	1. 广播电视中心设备(广播 2 套及以下,电视 3 套及以下)工程; 2. 中短波发射台(中波单机功率 $P < 1$kW,短波单机功率 $P < 50$kW)工程; 3. 电视、调频发射塔(台)设备(单机功率 $P < 1$kW)工程; 4. 广播电视收测台设备工程;三级邮件处理中心工艺工程
Ⅱ级	1. 广播电视中心设备(广播 3 ~ 5 套,电视 4 ~ 6 套)工程; 2. 中短波发射台(中波单机功率 1kW ≤ P < 20kW,短波单机功率 50kW ≤ P < 150kW)工程; 3. 电视、调频发射塔(台)设备(中波单机功率 1kW ≤ P < 10kW,塔高 < 200m)工程; 4. 广播电视传输网络工程;二级邮件处理中心工艺工程; 5. 电声设备、演播厅、录(播)音馆、摄影棚设备工程; 6. 广播电视卫星地球站、微波站设备工程; 7. 电信工程
Ⅲ级	1. 广播电视中心设备(广播 6 套以上,电视 7 套以上)工程; 2. 中短波发射台设备(中波单机功率 P ≥ 20kW,短波单机功率 P ≥ 150kW)工程; 3. 电视、调频发射塔(台)设备(中波单机功率 P ≥ 10kW,塔高 ≥ 200m)工程; 4. 一级邮件处理中心工艺工程

8　农业林业工程

8.1　农业林业工程范围

适用于农业、林业工程。

8.2　农业林业工程复杂程度

农业、林业工程复杂程度为Ⅱ级。

附表一

建设工程监理与相关服务的主要工作内容

<table>
<tr><th>服务阶段</th><th>具体服务范围构成</th><th>备　注</th></tr>
<tr><td>勘察阶段</td><td>协助发包人编制勘察要求、选择勘察单位，核查勘察方案并监督实施和进行相应的控制，参与验收勘察成果</td><td rowspan="4">建设工程勘察、设计、施工、保修等阶段监理与相关服务的具体工作内容执行国家、行业有关规范、规定</td></tr>
<tr><td>设计阶段</td><td>协助发包人编制设计要求、选择设计单位，组织评选设计方案，对各设计单位进行协调管理，监督合同履行，审查设计进度计划并监督实施，核查设计大纲和设计深度、使用技术规范合理性，提出设计评估报告（包括各阶段设计的核查意见和优化建议），协助审核设计概算</td></tr>
<tr><td>施工阶段</td><td>施工过程中的质量、进度、费用控制，安全生产监督管理、合同、信息等方面的协调管理</td></tr>
<tr><td>保修阶段</td><td>检查和记录工程质量缺陷，对缺陷原因进行调查分析并确定责任归属，审核修复方案，监督修复过程并验收，审核修复费用</td></tr>
</table>

附表二

施工监理服务收费基价表

单位:万元

序　号	计 费 额	收费基价
1	500	16.5
2	1 000	30.1
3	3 000	78.1
4	5 000	120.8
5	8 000	181.0
6	10 000	218.6
7	20 000	393.4
8	40 000	708.2
9	60 000	991.4
10	80 000	1 255.8
11	100 000	1 507.0
12	200 000	2 712.5
13	400 000	4 882.6
14	600 000	6 835.6
15	800 000	8 658.4
16	1 000 000	10 390.1

注:计费额大于1 000 000万元的,以计费额乘以1.039%的收费率计算收费基价。其他未包含的,其收费由双方协商议定。

附表三

施工监理服务收费专业调整系数表

工 程 类 型	专业调整系数
1. 矿山采选工程	
黑色、有色、黄金、化学、非金属及其他矿采选工程	0.9
选煤及其他煤炭工程	1.0
矿井工程,铀矿采选工程	1.1
2. 加工冶炼工程	
冶炼工程	0.9
船舶水工工程	1.0
各类加工工程	1.0
核加工工程	1.2
3. 石油化工工程	
石油工程	0.9
化工、石化、化纤、医药工程	1.0
核化工工程	1.2
4. 水利电力工程	
风力发电、其他水利工程	0.9
火电工程、送变电工程	1.0
核能、水电、水库工程	1.2
5. 交通运输工程	
机场场道、助航灯光工程	0.9
铁路、公路、城市道路、轻轨及机场空管工程	1.0
水运、地铁、桥梁、隧道、索道工程	1.1
6. 建筑市政工程	
园林绿化工程	0.8
建筑、人防、市政公用工程	1.0
邮政、电信、广播电视工程	1.0
7. 农业林业工程	
农业工程	0.9
林业工程	0.9

附表四

建设工程监理与相关服务人员人工日费用标准

建设工程监理与相关服务人员职级	工日费用标准(元)
一、高级专家	1 000 ~ 1 200
二、高级专业技术职称的监理与相关服务人员	800 ~ 1 000
三、中级专业技术职称的监理与相关服务人员	600 ~ 800
四、初级及以下专业技术职称监理与相关服务人员	300 ~ 600

注:本表适用于提供短期服务的人工费用标准。

4. 国家计委关于印发《招标代理服务收费管理暂行办法》的通知

计价格[2002]1980 号

各省、自治区、直辖市计委、物价局：

为规范招标代理服务收费行为，维护招标人、投标人和招标代理机构的合法权益，促进招标代理行业的健康发展，我委制定了《招标代理服务收费管理暂行办法》（以下简称《办法》），现印发给你们，请按照执行。

根据《国家计委、财政部关于整顿招标投标收费的通知》（计价格[2002]520 号）规定，实行由中标人付费的机电设备招标代理服务，可暂按现行有关规定执行，至 2004 年 1 月 1 日统一执行委托人付费。机电设备招标代理服务收费标准，自《办法》生效之日起按《办法》规定执行。

药品集中招标采购收费暂按现行有关规定执行。

特此通知。

附件：招标代理服务收费管理暂行办法

中华人民共和国国家发展计划委员会

二〇〇二年十月十五日

附件:

招标代理服务收费管理暂行办法

第一条 为规范招标代理服务收费行为,维护招标人、投标人和招标代理机构的合法权益,根据《中华人民共和国价格法》、《中华人民共和国招标投标法》及有关法律、行政法规,制定本办法。

第二条 中华人民共和国境内发生的各类招标代理服务的收费行为,适用本办法。

第三条 本办法所称招标代理服务收费,是指招标代理机构接受招标人委托,从事编制招标文件(包括编制资格预审文件和标底),审查投标人资格,组织投标人踏勘现场并答疑,组织开标、评标、定标,以及提供招标前期咨询、协调合同的签订等业务所收取的费用。

第四条 招标代理机构从事招标代理业务并收取服务费用的,必须符合《中华人民共和国招标投标法》第十三条、第十四条规定的条件,具备独立法人资格和相应资质。

第五条 招标代理机构应当在招标人委托的范围内办理招标事宜,遵守国家法律、法规及政策规定,符合招标人的技术、质量要求。

第六条 招标代理服务应当遵循公开、公正、平等、自愿、有偿的原则。严格禁止任何单位和个人为招标人强制指定招标代理机构或强制具有自行招标资格的单位接受代理并收取费用。

第七条 招标代理服务收费按照招标代理业务性质分为:

(一)各类土木工程、建筑工程、设备安装、管道线路敷设、装饰装修等建设以及附带服务的工程招标代理服务收费。

(二)原材料、产品、设备和固态、液态或气态物体和电力等货物及其附带服务的货物招标代理服务收费。

(三)工程勘察、设计、咨询、监理,矿业权、土地使用权出让、转让和保险等工程和货物以外的服务招标代理服务收费。

第八条 招标代理服务收费实行政府指导价。

第九条 招标代理服务收费采用差额定率累进计费方式。收费标准按本办法附件规定执行,上下浮动幅度不超过20%。具体收费额由招标代理机构和招标委托人在规定的收费标准和浮动幅度内协商确定。

出售招标文件可以收取编制成本费,具体定价办法由省、自治区、直辖市价格主管部门按照不以营利为目的的原则制定。

第十条　招标代理服务实行"谁委托谁付费"。工程招标委托人支付的招标代理服务费，可计入工程前期费用。货物招标和服务招标委托人支付的招标代理服务费，按照财政部门规定列支。

第十一条　招标代理机构按规定收取代理费用和出售招标文件后，不得再要求招标委托人无偿提供食宿、交通等或收取其他费用。

第十二条　招标代理业务中有超出本办法第三条规定的要求的，招标代理机构可与招标委托人就所增加的工作量，另行协商确定服务费用。

第十三条　招标代理服务收费纠纷，依据《中华人民共和国价格法》、《中华人民共和国合同法》及其他有关法律、法规处理。

第十四条　各级政府有关部门或者其授权、委托的单位，按照国务院关于招标投标管理职能分工规定履行监督职能；要求招标投标当事人履行审批、备案及其他手续的，一律不得收费。

违反前款规定，擅自设立收费项目、制定收费标准以及收取管理性费用的，由政府价格主管部门予以处罚。

第十五条　招标代理机构违反本办法规定的，由政府价格主管部门依据《中华人民共和国价格法》和《价格违法行为行政处罚规定》予以查处。

第十六条　本办法由国家计委负责解释。

第十七条　本办法自 2003 年 1 月 1 日起执行。国家计委及有关部门，各省、自治区、直辖市价格主管部门制定的相关规定，凡与本办法相抵触的，自本办法生效之日起废止。

附:招标代理服务收费标准

招标代理服务收费标准

服务类型 / 费率 / 中标金额(万元)	货物招标	服务招标	工程招标
100 以下	1.5%	1.5%	1.0%
100～500	1.1%	0.8%	0.7%
500～1 000	0.8%	0.45%	0.55%
1 000～5 000	0.5%	0.25%	0.35%
5 000～10 000	0.25%	0.1%	0.2%
10 000～100 000	0.05	0.05%	0.05%
100 000 以上	0.01%	0.01%	0.01%

注:1. 按本表费率计算的收费为招标代理服务全过程的收费基准价格,单独提供编制招标文件(有标底的含标底)服务的,可按规定标准的30%计收。

2. 招标代理服务收费按差额定率累进法计算。例如:某工程招标代理业务中标金额为6 000万元,计算招标代理服务收费额如下:

100万元×1.0% =1万元

(500－100)万元×0.7% =2.8万元

(1000－500)万元×0.55% =2.75万元

(5000－1000)万元×0.35% =14万元

(6000－5000)万元×0.2% =2万元

合计收费=1+2.8+2.75+14+2=22.55万元

5. 国家发改委关于招标代理服务收费有关问题的通知

发改办价格[2003]857 号

各省、自治区、直辖市计委、物价局：

为规范招标代理服务收费行为，2002 年 10 月，我委以计价格[2002]1980 号文印发了《招标代理服务收费管理暂行办法》（以下简称《办法》）。根据有关方面的意见，为有利于《办法》的顺利实施，现将有关事项通知如下：

一、删去计价格[2002]1980 号文第二自然段的内容。

二、将《办法》第十条中“招标代理服务实行‘谁委托谁付费’”修改为“招标代理服务费用应由招标人支付，招标人、招标代理机构与投标人另有约定的，从其约定”。

国家发展和改革委员会办公厅

二〇〇三年九月十五日

6. 公路工程施工监理招标投标管理办法

（2006 年 5 月 25 日　交通部令 2006 年第 5 号）

第一章　总　　则

第一条　为规范公路工程施工监理招标投标活动，保证公路工程质量，维护招标投标活动各方当事人合法权益，依据《公路法》和《招标投标法》，制定本办法。

第二条　依法必须进行招标的公路工程施工监理项目，其招标投标活动应当遵守本办法。

本办法所称公路工程施工监理，包括路基路面（含交通安全设施）工程、桥梁工程、隧道工程、机电工程、环境保护配套工程的施工监理以及对施工过程中环境保护和施工安全的监理。

第三条　公路工程施工监理招标投标应当遵循公开、公平、公正和诚实信用的原则。

第四条　交通部负责全国公路工程施工监理招标投标活动的监督管理。

县级以上地方人民政府交通主管部门负责本行政区域内公路工程施工监理招标投标活动的监督管理工作。

交通主管部门可以委托其所属的质量监督机构具体负责施工监理招标投标活动的监督管理工作。

第五条　交通主管部门应当加强对公路工程施工监理招标投标活动全过程的监督管理。

第六条　交通主管部门应当按照《工程建设项目招标投标活动投诉处理办法》和国家有关规定，建立公正、高效的招标投标投诉处理机制。

任何单位和个人认为公路工程施工监理招标投标活动违反法律、法规、规章规定，都有权向招标人提出异议或者依法向交通主管部门投诉。

第七条　交通主管部门应当逐步建立公路工程施工监理企业和人员信用档案体系。

信用档案中应当包括公路工程施工监理企业和人员的基本情况、业绩以及行政处罚记录。

第二章　招　　标

第八条　依照本办法进行施工监理招标的公路工程项目，应当具备下列条件：

（一）初步设计文件应当履行审批手续的，已经批准；

（二）建设资金已经落实；

（三）项目法人或者承担项目管理的机构已经依法成立。

第九条 公路工程施工监理招标人，应当是依照本办法规定提出公路工程施工监理招标项目、进行招标的公路工程项目法人或者其他组织。

第十条 招标人可以将整个公路工程项目的施工监理作为一个标一次招标，也可以按不同专业、不同阶段分标段进行招标。

招标人分标段进行施工监理招标的，标段划分应当充分考虑有利于对招标项目实施有效管理和监理企业合理投入等因素。

第十一条 公路工程施工监理招标分为公开招标和邀请招标。

第十二条 公路工程施工监理应当公开招标。

符合下列条件之一的项目，经有审批权的部门批准后，可以进行邀请招标：

（一）技术复杂或者有特殊要求的；

（二）符合条件的潜在投标人数量有限的；

（三）受自然地域环境限制的；

（四）公开招标的费用与工程监理费用相比，所占比例过大的；

（五）法律、法规规定不宜公开招标的。

第十三条 采用公开招标方式的，招标人应当依法在国家指定媒介上发布招标公告，并可以在交通主管部门提供的媒介上同步发布。

第十四条 公路工程施工监理招标的招标人应当对潜在投标人进行资格审查。资格审查方式分为资格预审和资格后审。

资格预审是招标人在发布招标公告后，发出投标邀请书前对潜在投标人的资质、信誉和能力进行的审查。招标人只向通过资格预审的潜在投标人发出投标邀请书和发售招标文件。

资格后审是招标人在收到投标人的投标文件后，对投标人的资质、信誉和能力进行的审查。

第十五条 资格审查方法分为强制性条件审查法和综合评分审查法。

强制性条件审查法是指招标人只对投标人或者潜在投标人的资格条件是否满足招标文件规定的投标资格、信誉要求等强制性条件进行审查，并得出“通过”或者“不通过”的审查结论，不对投标人或潜在投标人的资格条件进行具体量化评分的资格审查方法。

综合评分审查法是指在投标人或者潜在投标人的资格条件满足招标文件规定的最低资格、信誉要求的基础上，招标人对投标人或者潜在投标人的施工监理能力、管理能力、履约情况和施工监理经验等进行量化评分并按照分值进行筛选的资格审查方法。

第十六条 公路工程施工监理招标，应当按照下列程序进行：

（一）招标人确定招标方式。采用邀请招标的，应当履行审批手续。

（二）招标人编制招标文件，并按照项目管理权限报县级以上地方交通主管部门备案；采用资格预审方式的,同时编制投标资格预审文件,预审文件中应当载明提交资格预审申请文件的时间和地点。

(三)发布招标公告。采用资格预审方式的,同时发售投标资格预审文件;采用邀请招标的,招标人直接发出投标邀请,发售招标文件。

(四)采用资格预审方式的,对潜在投标人进行资格审查,并将资格预审结果通知所有参加资格预审的潜在投标人,向通过资格预审的潜在投标人发出投标邀请书和发售招标文件。

(五)必要时组织投标人考察招标项目工程现场,召开标前会议。

(六)接受投标人的投标文件。

(七)公开开标。

(八)采用资格后审方式的,招标人对投标人进行资格审查。

(九)组建评标委员会评标,推荐中标候选人。

(十)确定中标人,将评标报告和评标结果按照项目管理权限报县级以上地方交通主管部门备案并公示。

(十一)招标人发出中标通知书。

(十二)招标人与中标人签订公路工程施工监理合同。

二级以下公路、独立中、小桥及独立中、短隧道的新建、改建以及养护大修工程项目,可根据具体条件和实际需要对上述程序适当简化,但应当符合《招标投标法》的规定。

第十七条 招标人应当根据施工监理招标项目的特点和需要编制招标文件,招标文件应当符合交通部部颁标准《公路工程施工监理规范》中要求强制性执行的规定。

二级及二级以上公路、独立大桥及特大桥、独立长隧道及特长隧道的新建、改建以及养护大修工程项目,其主体工程的施工监理招标文件,应当使用交通部颁布的《公路工程施工监理招标文件范本》,附属设施工程及其他等级的公路工程项目的施工监理招标文件,可以参照交通部颁布的《公路工程施工监理招标文件范本》进行编制,并可适当简化。

第十八条 招标文件应当包括以下主要内容:

(一)投标邀请书;

(二)投标须知(包括工程概况和必要的工程设计图纸,提交投标文件的起止时间、地点和方式,开标的时间和地点等);

(三)资格审查要求及资格审查文件格式(适用于采用资格后审方式的);

(四)公路工程施工监理合同条款;

(五)招标项目适用的标准、规范、规程;

(六)对投标监理企业的业务能力、资质等级及交通和办公设施的要求;

(七)根据招标对象是总监理机构还是驻地监理机构,提出对投标人投入现场的监理人员、监理设备的最低要求;

（八）是否接受联合体投标；

（九）各级监理机构的职责分工；

（十）投标文件格式，包括商务文件格式、技术建议书格式、财务建议书格式等；

（十一）评标标准和办法。评标标准应当考虑投标人的业绩或者处罚记录等诚信因素，评标办法应当注重人员素质和技术方案。

第十九条 招标人对重要监理岗位人员的数量、资格条件和备选人员的要求，应当符合《公路工程施工监理规范》的规定。

第二十条 招标人要求投标人提交投标担保的，投标人应当按照要求的金额和形式提交。投标保证金金额一般不得超过五万元人民币。

第二十一条 招标人不得在招标文件中制定限制性条件阻碍或者排斥投标人，不得规定以获得本地区奖项等要求作为评标加分条件或者中标条件。

第二十二条 招标公告、投标邀请书应当载明下列内容：

（一）招标人的名称和地址；

（二）招标项目的名称、技术标准、规模、投资情况、工期、实施地点和时间；

（三）获取招标文件或者资格预审文件的办法、时间和地点；

（四）招标人对投标人或者潜在投标人的资质要求；

（五）招标人认为应当公告或者告知的其他事项。

第二十三条 资格预审文件和招标文件的发售时间不得少于5个工作日。

第二十四条 招标人应当合理确定投标人编制资格预审申请文件和投标文件的时间。

采用资格预审的招标项目，潜在投标人编制资格预审申请文件的时间，自开始发售资格预审文件之日起至提交资格预审申请文件截止之日止，不得少于14日。

投标人编制投标文件的时间，自发售招标文件之日起至提交投标文件截止之日止不得少于20日。

第二十五条 招标人发出的招标文件补遗书至少应当在投标截止日期15日前以书面形式通知所有投标人或者潜在投标人。补遗书应当向招标文件的备案部门补充备案。

第二十六条 招标人应当根据编制成本，合理确定资格预审文件和招标文件的售价。

第三章　投　　标

第二十七条 公路工程施工监理投标人是依法取得交通主管部门颁发的监理企业资质，响应招标、参加投标竞争的监理企业。

第二十八条 招标人允许监理企业以联合体方式投标的，联合体应当符合以下要求：

（一）联合体成员可以由两个以上监理企业组成，联合体各方均应当具备承担招标项目的相应能力和招标文件规定的资格条件。由同一专业的监理企业组成的联合体，按照资质等级较低的企业确定资质等级。

（二）联合体各方应当签订共同投标协议，约定各方拟承担的工作和责任，并将共同投标协议连同投标文件一并提交招标人。联合体各方签订共同投标协议后，只能以一个投标人的身份投标，不得针对同一标段再以各自名义单独投标或者参加其他联合体投标。

第二十九条 投标人应当按照招标文件的要求编制投标文件，并对招标文件提出的实质性要求和条件做出响应。

第三十条 采用本办法规定的技术评分合理标价法和综合评标法的项目，投标文件由商务文件、技术建议书、财务建议书组成。商务文件和技术建议书应当密封于一个信封中，财务建议书密封于另一个信封中。上述两个信封应当再密封于同一信封内，成为一份投标文件。

采用本办法规定的固定标价评分法的项目，投标文件由商务文件、技术建议书组成。商务文件和技术建议书应当密封于一个信封中，成为一份投标文件。

投标文件及任何说明函件应当经投标人盖章，投标文件内的任何有文字页须经其法定代表人或者其授权的代理人签字。

第四章　开标、评标和中标

第三十一条 开标由招标人主持，邀请所有投标人的法定代表人或其授权的代理人参加。

交通主管部门应当对开标过程进行监督。

第三十二条 开标时，由投标人或者其推选的代表检查投标文件的密封情况，也可以由招标人委托的公证机构进行检查并公证；经确认无误后，当众拆封商务文件和技术建议书所在的信封，宣读投标人名称和主要监理人员等内容。

投标文件中财务建议书所在的信封在开标时不予拆封，由交通主管部门妥善保存。在评标委员会完成对投标人的商务文件和技术建议书的评分后，在交通主管部门的监督下，再由评标委员会拆封参与评分的投标人的财务建议书的信封。

第三十三条 开标过程应当记录，并存档备查。

第三十四条 投标人少于三个的，招标人应当重新招标。

第三十五条 招标人设有标底的，标底应当符合有关价格管理规定。标底应当综合考虑项目特点、要求投入的监理人员、配备的监理设备等因素。标底应当在开标时予以公布。

招标人不设标底且不采用固定标价评分法的，招标人可以在规定的范围内设定投标报价上下限。

第三十六条 评标工作由招标人依法组建的评标委员会负责。

对国家和交通部重点公路建设项目，评标委员会的专家应当从交通部设立的监理专家库中随机抽取，或者根据交通部授权从省级交通主管部门设立的监理专家库中随机抽取；其他公路建设项目评标委员会的专家从省级交通主管部门设立的监理专家库中随机抽取。

第三十七条 评标委员会应当按照招标文件确定的评标标准和方法,对投标文件进行评审和比较。未列入招标文件的评标标准和方法,不得作为评标的依据。

第三十八条 评标可以使用固定标价评分法、技术评分合理标价法、综合评标法以及法律、法规允许的其他评标方法。

固定标价评分法,是指由招标人按照价格管理规定确定监理招标标段的公开标价,对投标人的商务文件和技术建议书进行评分,并按照得分由高至低排序,确定得分最高者为中标候选人的方法。

技术评分合理标价法,是指对投标人的商务文件和技术建议书进行评分,并按照得分由高至低排序,确定得分前二名中的投标价较低者为中标候选人的方法。

综合评标法,是指对投标人的商务文件和技术建议书、财务建议书进行评分、排序,确定得分最高者为中标候选人的方法。其中财务建议书的评分权值应当不超过10%。

第三十九条 评标委员会成员应当客观、公正地履行职务,遵守职业道德,对所提出的评审意见承担个人责任。

评标委员会成员及参加评标的有关工作人员不得私下接触投标人,不得收受商业贿赂。

第四十条 评标委员会完成评标后,应当向招标人提交书面评标报告。

评标报告应当包括以下内容:

(一)评标委员会的成员名单;

(二)开标记录情况;

(三)符合要求的投标人情况;

(四)评标采用的标准、评标办法;

(五)投标人排序;

(六)推荐的中标候选人;

(七)需要说明的其他事项。

第四十一条 招标人确定中标人后,应当及时向中标人发出中标通知书,并同时将中标结果告知所有的投标人。

第四十二条 招标人和中标人应当自中标通知书发出之日起30日内订立书面合同。招标人和中标人均不得提出招标文件和投标文件之外的任何其他条件。

招标文件中要求中标人提交履约担保的,中标人应当按要求的金额、时间和形式提交。以保证金形式提交的,金额一般不得超过合同价的5%。

第四十三条 招标人应当在与中标人签订合同后的5个工作日内,向中标人和未中标的投标人退还投标保证金。

第五章 法律责任

第四十四条 违反本办法,由交通主管部门根据各自的职责权限按照《招标投标法》和有关法规、规章及本办法进行处罚。

第四十五条 招标人有下列情形之一的，交通主管部门责令其限期改正，根据情节可以处三万元以下的罚款：

（一）公开招标的项目未在国家指定的媒介发布招标公告的；

（二）应当公开招标而不公开招标的；

（三）不具备招标条件而进行招标的；

（四）资格预审文件及招标文件出售时限、潜在投标人提交资格预审申请文件的时限、投标人提交投标文件的时限少于规定时限的；

（五）在规定时限外接收资格预审申请文件和投标文件的。

第四十六条 评标过程中有下列情形之一的，评标无效，应当依法重新进行评标：

（一）使用招标文件没有确定的评标标准和方法评标的；

（二）评标标准和方法含有倾向或者排斥投标人的内容，妨碍或者限制投标人之间竞争，且影响评标结果的；

（三）应当回避担任评标委员会成员的人员参与评标的；

（四）评标委员会的组建及人员组成不符合法定要求的。

第四十七条 评标委员会成员及参加评标的有关工作人员收受投标人的商业贿赂，向他人透露对投标文件的评审和比较、中标候选人的推荐以及与评标有关的其他情况的，给予警告，没收收受的财物，可以并处三千元以上五万元以下的罚款，对评标委员会成员，如有上述违规行为，则取消其担任评标委员会成员的资格，不得再参加任何依法必须进行招标的项目的评标；构成犯罪的，依法追究刑事责任。

第四十八条 交通主管部门及其所属质量监督机构的工作人员违反本办法规定，在监理招标投标活动的监督管理工作中徇私舞弊、收受商业贿赂、滥用职权或者玩忽职守，构成犯罪的，依法追究刑事责任；不构成犯罪的，依法给予行政处分。

第六章 附 则

第四十九条 国际金融组织或者外国政府贷款、援助资金的公路工程项目，贷款方或者资金提供方对施工监理招标投标的具体条件和程序有不同规定的，可以适用其规定，但不得违背中华人民共和国的社会公众利益。

第五十条 本办法自2006年7月1日起施行。交通部1998年12月28日发布的《公路工程施工监理招标投标管理办法》（交通部令1998年第9号）同时废止。

7. 公路水运工程监理企业资质管理规定

（2004 年 6 月 30 日　交通部令 2004 年第 5 号）

第一章　总　　则

第一条　为加强公路、水运工程监理企业的资质管理，规范公路、水运建设市场秩序，保证公路、水运工程建设质量，根据《中华人民共和国公路法》和《建设工程质量管理条例》的有关规定，制定本规定。

第二条　本规定适用于公路、水运工程监理企业资质的行政许可及其监督管理活动。

第三条　监理企业资质，是指监理企业的人员组成、专业配置、测试仪器的配备、财务状况、管理水平等方面的综合能力。

第四条　监理企业从事公路、水运工程监理活动，应当按照本规定取得资质后方可开展相应的监理业务。

第五条　交通部负责全国公路、水运工程监理企业资质管理工作，其所属的质量监督机构受交通部委托具体负责全国公路、水运工程监理企业资质的监督管理工作。

省、自治区、直辖市人民政府交通主管部门负责本行政区域内公路、水运工程监理企业资质管理工作，其所属的质量监督机构受省、自治区、直辖市人民政府交通主管部门委托具体负责本行政区域内公路、水运工程监理企业资质的监督管理工作。

第二章　资质等级和从业范围

第六条　公路、水运工程监理企业资质按专业划分为公路工程和水运工程两个专业。

公路工程专业监理资质分为甲级、乙级、丙级三个等级和特殊独立大桥专项、特殊独立隧道专项、公路机电工程专项；水运工程专业监理资质分为甲级、乙级、丙级三个等级和水运机电工程专项。

第七条　公路、水运工程监理企业应当按照其获得的资质等级和业务范围开展监理业务：

（一）获得公路工程专业甲级监理资质，可在全国范围内从事一、二、三类公路工程、桥梁工程、隧道工程项目的监理业务；

（二）获得公路工程专业乙级监理资质，可在全国范围内从事二、三类公路工程、桥梁工程、隧道工程项目的监理业务；

（三）获得公路工程专业丙级监理资质，可在企业所在地的省级行政区域内从事三类公路工程、桥梁工程、隧道工程项目的监理业务；

（四）获得公路工程专业特殊独立大桥专项监理资质，可在全国范围内从事特殊独立大桥项目的监理业务；

（五）获得公路工程专业特殊独立隧道专项监理资质，可在全国范围内从事特殊独立隧道项目的监理业务；

（六）获得公路工程专业公路机电工程专项监理资质，可在全国范围内从事各等级公路、桥梁、隧道工程通信、监控、收费等机电工程项目的监理业务；

（七）获得水运工程专业甲级监理资质，可在全国范围内从事大、中、小型水运工程项目的监理业务；

（八）获得水运工程专业乙级监理资质，可在全国范围内从事中、小型水运工程项目的监理业务；

（九）获得水运工程专业丙级监理资质，可在企业所在地的省级行政区域内从事小型水运工程项目的监理业务。

（十）获得水运工程专业水运机电工程专项监理资质，可在全国范围内从事水运机电工程项目的监理业务。

公路、水运工程监理业务的分级标准见本规定附件三。

第三章　申请与许可

第八条　申请公路、水运工程监理资质，应当具备本规定附件一、二规定的相应资质条件。

第九条　交通部负责公路、水运工程专业甲级、乙级监理资质和公路工程专业特殊独立大桥专项、特殊独立隧道专项、公路机电工程专项、水运机电工程专项监理资质的行政许可工作。

省、自治区、直辖市人民政府交通主管部门负责公路、水运工程专业丙级监理资质的行政许可工作。

第十条　申请人申请公路、水运工程监理资质应当向许可机关提交下列申请材料：

（一）《公路水运工程监理企业资质申请表》；

（二）《企业法人营业执照》（复印件）或者工商行政管理部门核发的企业名称预登记证明；

（三）验资报告；

（四）企业章程和制度；

（五）监理人员的监理工程师资格证书和中级职称以上人员职称证书（复印件）；

（六）主要成员从事公路、水运工程监理或者其他工作经历的业绩证明；

（七）主要试验检测仪器设备和装备证明。

申请人应当如实向许可机关提交有关材料和反映真实情况，并对其提交材料实质内容的真实性负责。

第十一条 属于交通部受理的申请，申请人在向交通部递交申请材料的同时，应当向企业注册地的省、自治区、直辖市人民政府交通主管部门递交申请材料副本。

有关省、自治区、直辖市人民政府交通主管部门自收到申请人的申请材料副本之日起十日内提出审查意见报交通部。

交通部自收到申请人完整齐备的申请材料之日起二十日内作出行政许可决定。准予许可的，颁发相应的《监理资质证书》；不予许可的，应当书面通知申请人并说明理由。

第十二条 交通部长江航务管理局所属企业申请水运工程专业甲级、乙级监理资质，其申请材料副本的递交不适用本规定第十一条第一、二款的规定，申请人应当向交通部长江航务管理局递交申请材料副本。交通部长江航务管理局自收到申请材料副本之日起十日内提出审查意见报交通部。

第十三条 属于省、自治区、直辖市人民政府交通主管部门受理的申请，申请人应当向企业注册地的省、自治区、直辖市人民政府交通主管部门递交本规定第十条规定的申请材料。省、自治区、直辖市人民政府交通主管部门自收到完整齐备的申请材料之日起二十日内作出行政许可决定。准予许可的，颁发相应的《监理资质证书》；不予许可的，应当书面通知申请人并说明理由。

第十四条 许可机关在作出行政许可决定的过程中可以聘请专家对申请材料进行评审，并且将评审结果向社会公示。

专家评审的时间不计算在行政许可期限内，但应当将专家评审需要的时间告知申请人。专家评审的时间最长不得超过六十日。

第十五条 许可机关聘请的评审专家应当从交通部建立的公路、水运工程监理专家库中选定。

选择专家应当符合回避的要求，参与评审的专家应当履行公正评审、保守企业商业秘密的义务。

第十六条 许可机关在许可过程中需要核查申请人有关条件的，可以对申请人的有关情况进行实地核查，申请人应当配合。

第十七条 许可机关作出的准予许可决定，应当向社会公开，公众有权查阅。

第十八条 《监理资质证书》有效期限为四年。

第十九条 监理企业在领取新的资质证书时，应将原资质证书交回原发证机关。破产或者倒闭的监理企业，应将资质证书交回原发证机关予以注销。

第四章 监督检查

第二十条 监理企业应当依法、依合同对公路、水运工程建设项目实施监理。

第二十一条 监理企业和各有关机构必须如实填写《项目监理评定书》。《项目监理评定书》的格式由交通部规定。

第二十二条 监理企业资质实行定期检验制度,每两年检验一次。

定期检验的内容是检查监理企业现状与资质等级条件的符合程度以及监理企业在检验期内的业绩情况。

第二十三条 申请定期检验的企业应当在其资质证书使用期满两年前三十日内向检验机构提出定期检验申请,并提交以下材料:

(一)《公路水运工程监理企业资质检验表》;

(二)本检验期内的《项目监理评定书》。

第二十四条 监理企业的定期检验工作由作出许可决定的许可机关委托其所属的质量监督机构负责。

负责检验的质量监督机构应当自收到完整齐备的申请材料二十日内作出定期检验结论。

第二十五条 对定期检验合格的监理企业,由质量监督机构在其《监理资质证书》上签署意见并盖章。

对定期检验不合格的监理企业,质量监督机构应当责令其在六个月内进行整改。整改期满仍不能达到规定条件的,由质量监督机构提请原许可机关对其予以降低资质等级或者撤销对其的资质许可。

第二十六条 监理企业未按规定的期限申请资质定期检验的,其资质证书失效。

第二十七条 监理企业遗失《监理资质证书》,应当在公开媒体和质量监督机构指定的网站上声明作废,并到原许可机关办理补证手续。

第二十八条 监理企业的名称、地址、法定代表人、企业负责人和技术负责人等发生变更,应当在变更后二个月内到原许可机关办理证书变更手续。有关行政机关应当依据资质等级条件予以审查办理。

第二十九条 各级交通主管部门及其质量监督机构应当加强对监理企业以及监理现场工作的监督检查,有关单位应当配合。

第三十条 交通部和省、自治区、直辖市人民政府交通主管部门依据职权有权对利害关系人的举报进行调查核实,有关单位应当配合。

第五章 罚 则

第三十一条 监理企业违反本规定,由交通部或者省、自治区、直辖市人民政府交通主管部门依据《建设工程质量管理条例》的有关规定给予相应处罚。

第三十二条 监理企业违反国家规定,降低工程质量标准,造成重大质量安全事故,构成犯罪的,对直接责任人员依法追究刑事责任。

第三十三条 交通主管部门工作人员在资质许可和监督管理工作中玩忽职守、滥用职权、徇私舞弊等严重失职的，由所在单位或其上级机关依照国家有关规定给予行政处分；构成犯罪的，依法追究刑事责任。

第六章　附　　则

第三十四条　监理企业的《监理资质证书》由交通部统一印制，正本一份，副本二份，副本与正本具有同等法律效力。

第三十五条　本规定自2004年10月1日起施行。交通部1995年7月1日发布的《公路水运工程监理单位资质管理暂行规定》（交基发[1995]448号）同时废止。

第三十六条　本规定由交通部负责解释。

附件一

公路水运工程监理企业资质等级条件

一、公路工程

(一)甲级监理资质条件

1. 人员、业绩和人员结构条件

企业负责人和技术负责人中至少有2人具有公路或者相关专业高级技术职称,10年以上从事公路、桥梁、隧道工程工作经历,5年以上监理或者建设管理工作经历,已取得监理工程师资格。

企业拥有中级职称以上各类专业技术人员不少于50人。其中,持监理工程师资格证书的人数不少于30人,工程系列高级专业技术人员数不少于10人,高、中级经济师或者高、中级会计师不少于3人。上述各类人员中,与企业签订3年以上劳动合同的人数不低于70%。

持监理工程师证书人员中,不少于15人具有2项一类工程监理业绩,不少于5人具有高级驻地监理工程师经历;上述人员与企业签订的劳动合同不少于3年。不具备本条前述条件,但具备以下条件者视为符合本条条件:监理企业具备不少于5项二类以上工程业绩(以《项目监理评定书》为准,下同)。

企业各类专业技术人员结构合理。主要包括路基路面、桥隧结构、试验检测、工程地质、工程经济、合同管理等专业人员。

2. 企业拥有材料、路基路面等工程试验检测设备和测量放样等仪器,具备建立工地试验室条件(见附件二)。

3. 企业注册资金不少于400万元。

4. 企业具有完善的规章制度和组织体系。

5. 企业作为工程质量事件当事人,已经有关主管部门认定无责任,或者虽受到有关主管部门的行政处罚但处罚期实施已满1年。

(二)乙级监理资质条件

1. 人员、业绩和人员结构条件

企业负责人和技术负责人中至少有2人具有公路或者相关专业中级技术职称,8年以上从事公路、桥梁、隧道工程工作经历,3年以上监理或者建设管理工作经历,已取得监理工程师资格。

企业拥有中级职称以上各类专业技术人员不少于30人。其中,持监理工程师资格证书的人数不少于18人，工程系列高级专业技术人员数不少于5人，经济师、会计师不少于2人。上述各类人员中，与企业签订3年以上劳动合同的人数不低于70%。

持监理工程师证书的人员中，不少于9人具有2项二类及以上工程监理业绩，不少于3人具有高级驻地监理工程师经历；上述人员与企业签订的劳动合同不少于3年。不具备本条前述条件，但具备以下条件者视为符合本条条件：监理企业具备不少于5项三类以上工程业绩。

各类专业技术人员结构合理。主要包括路基路面、桥隧结构、试验检测、工程地质、工程经济、合同管理等专业人员。

2. 企业拥有材料、路基路面等工程试验检测设备和测量放样等仪器，具有建立工地试验室的条件（见附件二）。

3. 企业注册资金不少于200万元。

4. 企业具有完善的规章制度和组织体系。

5. 企业作为工程质量事件当事人，已经有关主管部门认定无责任，或者虽受到有关主管部门的行政处罚但处罚期实施已满1年。

（三）丙级监理资质条件

1. 人员、业绩和人员结构条件

企业负责人和技术负责人中至少有2人具有公路或者相关专业中级技术职称，5年以上从事公路、桥梁、隧道工程工作经历，2年以上监理或者建设管理工作经历，已取得监理工程师资格。

企业拥有中级职称以上各类专业技术人员不少于20人。其中，持监理工程师资格证书的人数不少于8人，工程系列高级技术职称人数不少于3人，经济师、会计师不少于1人。上述各类人员中，与企业签订3年以上劳动合同的人数不低于70%。

持监理工程师证书的人员中，不少于3人具有2项三类及以上工程监理业绩，上述人员与企业签订的劳动合同不少于3年。

各类专业技术人员结构合理。主要包括路基路面、桥隧结构、试验检测、工程地质、工程经济、合同管理等专业人员。

2. 企业拥有必要的试验检测设备和测量放样仪器（见附件二）。

3. 企业注册资金不少于50万元。

4. 企业拥有完善的规章制度和组织体系。

5. 企业作为工程质量事件当事人，已经有关主管部门认定无责任，或者虽受到有关主管部门的行政处罚但处罚期实施已满1年。

（四）特殊独立大桥专项监理资质条件

1. 已取得公路工程甲级监理资质。

2. 持监理工程师证书人员中，有不少于20人具有特大桥监理业绩，上述人员与企业签订的劳动合同不少于3年。不具备本条前述条件,但具备以下条件者视为符合本条条件:监理企业具有4项以上特大桥监理业绩。

(五)特殊独立隧道专项监理资质条件

1. 已取得公路工程甲级监理资质。

2. 持监理工程师证书人员中,有不少于20人具有特长隧道监理经历,有不少于10人是隧道专业监理工程师,上述人员与企业签订的劳动合同不少于3年。不具备本条前述条件,但具备以下条件者视为符合本条条件:监理企业具有2项以上特长隧道监理业绩。

(六)公路机电工程专项监理资质条件

1. 人员、业绩和人员结构条件

企业负责人和技术负责人中至少2人以上具有机电专业高级技术职称,8年以上从事相关专业工作经历,5年以上监理或者建设管理工作经历,已取得公路机电专业监理工程师资格。

企业拥有中级职称以上各类专业技术人员不少于30人。其中,持公路机电专业监理工程师资格证书人数不少于15人,高级专业技术人员数不少于10人,经济师、会计师不少于2人。上述各类人员中,与企业签订3年以上劳动合同的人数不低于70%。

持监理工程师证书人员中,不少于8人具有公路机电工程监理业绩,以上人员与企业签订的劳动合同不少于3年。

2. 企业拥有公路机电工程所需的常用试验检测设备(见附件二)。

3. 企业注册资金不少于200万元。

4. 企业具有完善的规章制度和组织体系。

5. 企业作为工程质量事件当事人,已经有关主管部门认定无责任,或者虽受到有关主管部门的行政处罚但处罚期实施已满1年。

二、水运工程

(一)甲级监理资质条件

1. 人员、业绩和人员结构条件

企业负责人中至少有1人具备10年以上水运工程建设的经历,具有监理工程师资格;技术负责人应具有15年以上水运工程建设的经历,承担过大型水运工程项目的总监工作,具有水运工程系列高级专业技术职称和监理工程师资格。

企业拥有中级技术职称以上各类专业技术人员不少于40人。其中,持监理工程师资格证书的人员不少于25人,取得港口、航道监理工程师资格证书的人员不少于18人,工程系列高级技术专业职称人数不少于10人,经济师、会计师不少于2人。上述各类人员中,与企业签订3年以上劳动合同的人数不低于70%。

持监理工程师资格证书人员中,不少于10人具有大型工程监理业绩,不少于3人具有大型工程监理项目负责人经历。上述人员与企业签订的劳动合同不少于3年。不具备本条前述条件，但具备以下条件者视为符合本条条件：监理企业具备5项以上中型水运工程业绩。

各类专业技术人员结构合理。主要包括港口、航道、工民建、测量、试验检测、合同管理等专业人员。

2. 企业拥有材料、土工等工程试验仪器和检测设备，具有建立工地试验室的条件（见附件二）。

3. 企业注册资金不少于300万元。

4. 企业具有完善的规章制度和组织体系。

5. 企业作为工程质量事件当事人，已经有关主管部门认定无责任，或者虽受到有关主管部门的行政处罚但处罚期实施已满1年。

（二）乙级监理资质条件

1. 人员、业绩和人员结构条件

企业负责人中至少有1人具有8年以上水运工程建设的经历，具有监理工程师资格；技术负责人应具有10年以上水运工程建设的经历，承担过中型水运工程项目的总监工作，具有水运工程系列高级专业技术职称和监理工程师资格。

企业拥有中级技术职称以上各类专业技术人员不少于30人。其中，持监理工程师资格证书的人员不少于15人，取得港口、航道监理工程师资格证书的人员不少于10人，工程系列高级技术专业职称人数不少于5人，经济师、会计师不少于1人。上述各类人员中，与企业签订3年以上劳动合同人数不低于70%。

持监理工程师资格证书的人员中，不少于5人具有中型水运工程监理业绩，不少于2人具有中型水运工程监理项目负责人经历，上述人员与企业签订的劳动合同不少于3年；不具备本条前述条件，但具备以下条件者视为符合本条条件：具备5项以上小型水运工程业绩。

各类专业技术人员结构合理。主要包括港口、航道、工民建、测量、试验检测、合同管理等专业人员。

2. 企业拥有材料、土工等工程试验仪器和检测设备，具有建立工地试验室的条件（见附件二）。

3. 企业注册资金不少于100万元。

4. 企业具有完善的规章制度和组织体系。

5. 企业作为工程质量事件当事人，已经有关主管部门认定无责任，或者虽受到有关主管部门的行政处罚但处罚期实施已满1年。

（三）丙级监理资质条件

1. 人员、业绩和人员结构条件

企业负责人中至少有1人具有5年以上水运工程建设的经历，具有监理工程师资格；技术负责人应具有8年以上水运工程建设的经历，承担过小型水运工程项目的总监工作，具有水运工程监理工程师资格。

企业拥有中级技术职称以上各类专业技术人员不少于15人。其中,持监理工程师资格证书的人员不少于8人,工程系列高级技术专业职称人数不少于3人。上述各类人员中,与企业签订3年以上劳动合同人数不低于70%。

持监理工程师资格证书的人员中,不少于3人具有小型水运工程监理业绩,不少于2人具有小型水运工程监理项目负责人经历,上述人员与企业签订的劳动合同不少于3年。

2. 企业注册资金不少于50万元。

3. 企业作为工程质量事件当事人,已经有关主管部门认定无责任,或者虽受到有关主管部门的行政处罚但处罚期实施已满1年。

(四)水运机电工程专项监理资质条件

1. 人员、业绩和人员结构条件

企业负责人中至少有1人具备10年以上水运机电工程建设的经历,具有监理工程师资格;技术负责人应具有15年以上水运机电工程建设的经历,承担过水运机电工程项目的总监工作,具有水运工程系列高级专业技术职称和水运机电监理工程师资格。

企业拥有中级技术职称以上各类专业技术人员不少于25人。其中,持监理工程师资格证书的人员不少于15人,取得机电监理工程师资格证书的人员不少于10人,工程系列高级技术专业职称人数不少于10人,经济师、会计师不少于2人。上述各类人员中,与企业签订3年以上劳动合同人数不低于70%。

持监理工程师资格证书人员中,不少于8人具有水运机电工程监理业绩,不少于3人具有水运机电工程监理项目负责人经历,上述人员与企业签订的劳动合同不少于3年。

各类专业技术人员结构合理。主要包括机电、测量、试验检测、合同管理等专业人员。

2. 企业拥有机电工程试验仪器和检测设备,具有建立工地试验室的条件(见附件二)。

3. 企业注册资金不少于200万元。

4. 企业具有完善的规章制度和组织体系。

5. 企业作为工程质量事件当事人,已经有关主管部门认定无责任,或者虽受到有关主管部门的行政处罚但处罚期实施已满1年。

说明:本条件所称监理工程师除丙级资质条件外,均指交通部监理工程师。

附件二

公路水运工程监理企业基本试验检测能力或仪器设备配备标准

一、公路工程

（一）甲级监理资质

1. 土工试验（筛分、密度、含水量、塑液限、击实）

2. 石灰试验（有效钙镁含量）

3. 水泥混凝土（坍落度、抗压强度、抗折强度）、砂浆强度试验、配合比设计

4. 沥青指标试验（针入度、延度、软化点）

5. 沥青混凝土配合比设计

6. 路面基层材料试验（击实、无侧限抗压强度、灰剂量、配合比设计）

7. 路基、路面、构造物几何尺寸检测

8. 路基路面检测（压实度、厚度、平整度、弯沉、路面构造深度、摩擦系数）

9. 砌石工程常规试验检测

10. 钢材、焊接试验

11. 测量设备（经纬仪、水准仪、测距仪、全站仪）

（二）乙级监理资质

1. 土工试验（筛分、密度、含水量、塑液限、击实）

2. 石灰试验（有效钙镁含量）

3. 水泥混凝土（坍落度、抗压强度、抗折强度）、砂浆强度试验、配合比设计

4. 沥青指标试验（针入度、延度、软化点）

5. 路面基层材料试验（击实、无侧限抗压强度、灰剂量、配合比设计）

6. 路基、路面、构造物几何尺寸检测

7. 路基路面检测（压实度、厚度、平整度、弯沉、路面构造深度、摩擦系数）

8. 砌石工程常规试验检测

9. 钢材、焊接试验

10. 测量设备（经纬仪、水准仪、测距仪）

（三）丙级监理资质

1. 土工试验（筛分、密度、含水量、塑液限、击实）

2. 石灰试验（有效钙镁含量）

3. 水泥混凝土(坍落度)、砂浆强度试验、配合比设计

4. 路基、路面、构造物几何尺寸检测

5. 路基路面(压实度、厚度、平整度、摩擦系数)

6. 砌石工程常规试验检测

7. 测量设备(经纬仪、水准仪)

(四)公路机电工程专项监理资质

1. 光功率计/光源

2. 光时域反射仪

3. 误码仪

4. 音频信号发生器

5. SDH 综合测试仪

6. 音频性能分析仪

7. 声压计

8. 数据通信测试分析仪

9. PCM 综合测试仪

10. 综合布线认证分析仪

11. 计算机网络分析仪

12. 秒表

13. 低速数据测试仪

14. 脉冲数字线路故障测试器

15. 视频分析仪/信号源

16. 色彩色差计

17. 雷达测速器

18. 数字式功率计

19. 风速仪

20. 闭路电视测试仪

21. 远红外线湿度测试仪

22. 轻便气象综合测试仪

23. 交流电源分析仪

24. 绝缘电阻测试仪

25. 耐压强度测试仪

26. 数字式地阻仪

27. 直流高压发生器

28. 钳流表

29. 照度测试仪

30. 经纬仪

31. 亮度计

32. 电缆故障测试仪

33. 焊口探伤仪

34. 数字万用表

35. 数显卡尺

36. 材料阻燃性能分析仪

37. RCL 测试仪

38. 逆反射系数测定仪

39. 双臂电桥

40. 电子涂层测厚仪

41. 超声波测厚仪

42. 数字存储示波器

二、水运工程

(一)甲级监理资质

1. 测量(经纬仪、水准仪、测距仪、全站仪)
2. 砂试验(筛分、含泥量、泥块含量、密度)
3. 石试验(筛分、含泥量、泥块含量、密度、压碎指标)
4. 混凝土、砂浆试验(配合比设计、稠度、强度)
5. 钢筋试验(钢筋力学和工艺性能、焊接接头机械性能)
6. 土工试验(筛分、密度、含水率、强度)
7. 非破损检测

(二)乙级监理资质

1. 测量(经纬仪、水准仪、测距仪)
2. 砂试验(筛分、含泥量、泥块含量、密度)
3. 石试验(筛分、含泥量、泥块含量、密度、压碎指标)
4. 混凝土、砂浆试验(配合比设计、稠度、强度)
5. 土工试验(筛分、密度、含水率、击实)
6. 非破损检测

(三)水运机电工程专项监理资质

1. 经纬仪、水准仪、测距仪
2. 拉压力传感器
3. 荷重传感器

4. 手持数字转速表

5. 数字多用表

6. 数字钳形表

7. 绝缘电阻表

8. 照度计

9. 超声波测厚仪

10. 超声波探测仪

11. 超声波涂层测厚仪

12. 尺寸检测量具

13. 红外式温度计

14. 接地电阻测试仪

15. 噪声计

16. 水平仪

17. 风速仪

附件三

公路水运工程监理业务分级标准

一、公路工程分级标准

表1

	一　类	二　类	三　类
1. 公路工程	高速公路	高速公路路基工程及一级公路	一级公路路基工程及二级以下各级公路
2. 桥梁工程	特大桥	大桥、中桥	小桥、涵洞
3. 隧道工程	特长隧道、长隧道	中隧道	短隧道

表2

1. 特殊独立大桥	主跨250米以上钢筋混凝土拱桥、单跨250米以上预应力混凝土连续结构、400米以上斜拉桥、800米以上悬索桥等结构复杂的独立特大桥项目
2. 特殊独立隧道	大于3 000米的独立特长隧道项目
3. 公路机电工程	通信、监控、收费等机电工程

注:1. 本标准使用术语含义与交通部《公路工程技术标准》(JTG B01—2003)规定一致;

2. 一、二、三类分级标准中含配套的交通安全设施、环保工程和沿线附属设施;不含各专项内容。

二、水运工程分级标准

序号	建设项目		计量单位	大　型	中　型	小　型
1	沿海港口工程	集装箱、件杂、多用途等	吨级	≥20 000	10 000～20 000	<10 000
		散货、原油	吨级	≥30 000	10 000～30 000	<10 000
2	内河港口工程		吨级	≥1 000	300～1 000	<300
3	通航建筑与整治工程		吨级	≥1 000	300～1 000	<300
4	航道工程	沿海	吨级	≥30 000	10 000～30 000	<10 000
		内河	吨级	≥1 000	300～1 000	<300
5	修造船水工工程	船坞	船舶吨级	≥10 000	3 000～10 000	<3 000
		船台、滑道	船体重量	≥5 000	1 000～5 000	<1 000

续上表

序号	建　设　项　目		计量单位	大　型	中　型	小　型
6	防波堤、导流堤等水工工程		最大水深(米)	≥6	<6	
7	其他水运工程项目	沿海	受监的建安工程费(万元)	≥6 000	2 000 ~ 6 000	<2 000
		内河	受监的建安工程费(万元)	≥4 000	1 000 ~ 4 000	<1 000